TRENTE: les histoires secrètes de l'impressionnisme français
Massimo Missiroli Editore © 2023
ISBN 9798872256632
massimo.missiroli@gmail.com

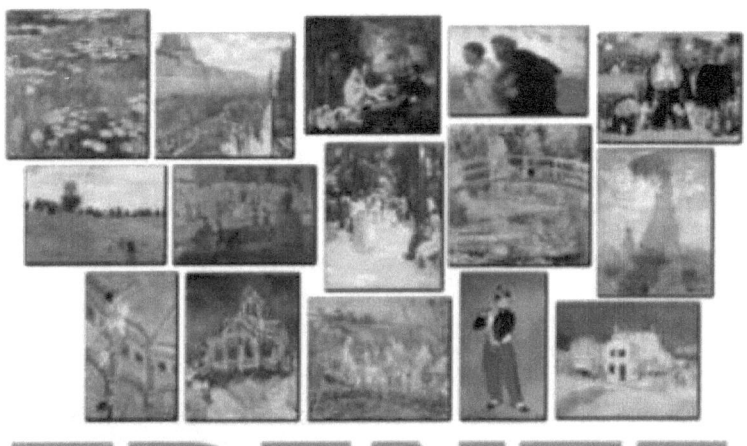

TRENTE

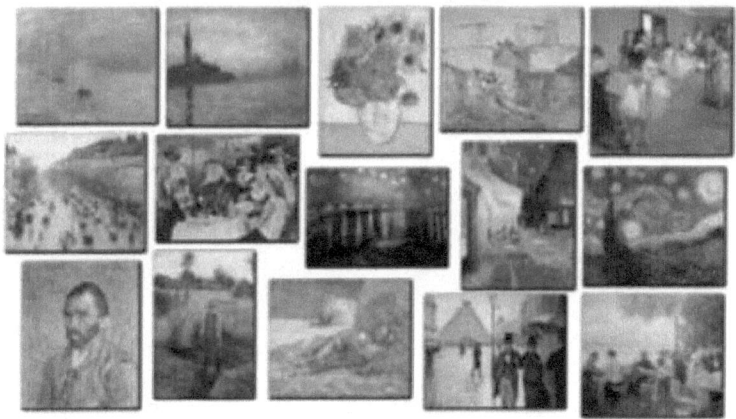

les histoires secrètes
de l'impressionnisme
français

Massimo Missiroli Editore

"TRENTE, comme les jours d'un mois qui marquent le temps, trente comme les toiles qui rythment le tempo d'une ère artistique sans pareil.

Chaque tableau est une fenêtre sur un monde révolu qui continue de vivre à travers les couleurs, les formes et les ombres qui dansent sous le regard de l'impressionnisme français.

Ce livre, "TRENTE; les histoires secrètes de l'impressionnisme français", célèbre le dialogue silencieux entre les œuvres et leurs spectateurs.

C'est une invitation à entreprendre un voyage au-delà de la surface des toiles, là où la lumière et la toile se rencontrent, où l'histoire et l'art se fondent en une narration unique et personnelle.

Chaque chapitre est dédié à une œuvre, à un fragment de vie, à une émotion capturée et cristallisée par le pinceau de maîtres dont le toucher a transformé la peinture en poésie.

Le sous-titre, "trente tableaux de l'impressionnisme français racontent l'histoire qu'ils ont à l'intérieur", révèle l'intention de ces pages : nous faire écouter les histoires racontées non avec des mots, mais à travers le langage universel de la beauté et de l'expression.

Dans "TRENTE", nous nous plongeons dans les vies immortalisées dans ces œuvres : des danseuses au repos, des ciels parsemés d'étoiles, des visages pensifs et des jardins enchantés.

Chaque toile se transforme en une histoire, un épisode d'un roman plus grand, un tissu d'expériences qui, ensemble, composent la tapisserie de l'âme humaine.

Le titre "TRENTE" est un hommage à la simplicité et à la puissance de l'impressionnisme, un mouvement qui a appris à regarder le monde avec de nouveaux yeux, à trouver la beauté dans les moments éphémères et les détails quotidiens.

C'est une invitation à redécouvrir trente chefs-d'œuvre qui ont façonné l'histoire de l'art et à écouter les histoires qui murmurent encore entre les coups de pinceau colorés.

Bienvenue dans "TRENTE", où chaque tableau a une voix, chaque scène a une âme, et chaque page vous invite à explorer la profondeur cachée derrière chaque impression."

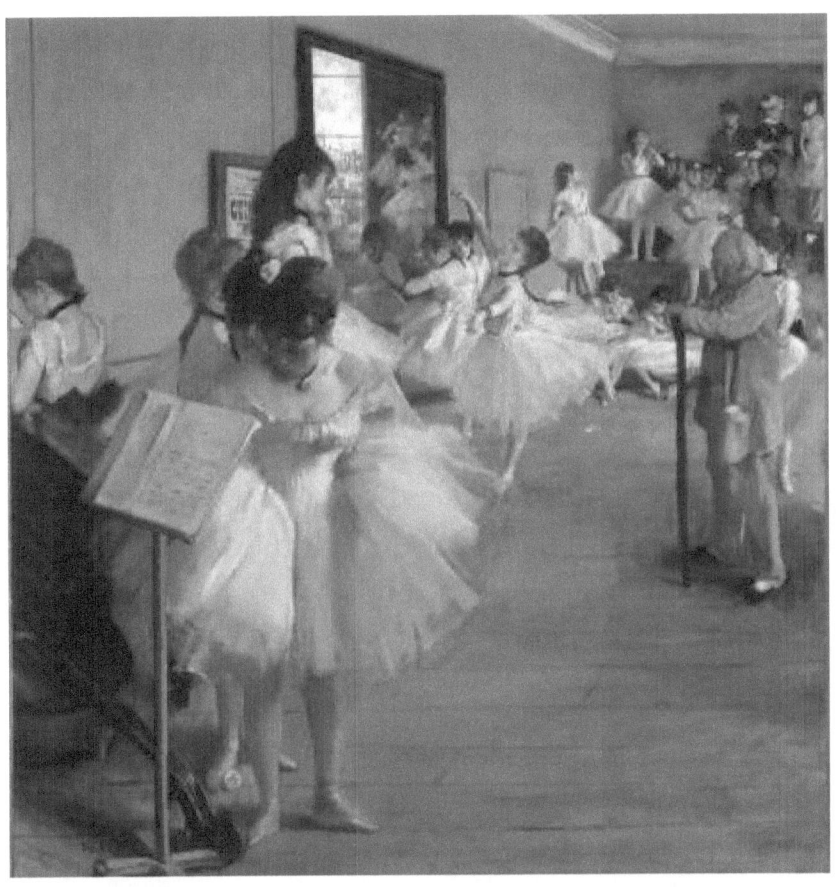

Dans un coin de Paris, caché entre les rues pavées et les boulangeries aux douces effluves, se trouvait un vieux bâtiment aux grandes fenêtres cintrées. À l'intérieur, une vaste salle était baignée chaque après-midi d'une lumière dorée filtrant à travers les vitraux. C'était le studio de danse de Mademoiselle Fleur, un lieu magique où de petites aspirantes danseuses venaient apprendre l'art du ballet classique.

Au cœur de ce monde de mouvement et de musique se trouvait Clara, une fillette de dix ans avec un rêve aussi grand que la Tour Eiffel. Elle aimait danser plus que tout au monde. Chaque fois que ses pointes effleuraient le parquet luisant, Clara ne se sentait plus la timide nouvelle venue, mais une étoile brillante dans le firmament de la danse.

Malgré sa passion, la peur de la scène se tapissait dans le coin le plus sombre de son cœur. Chaque fois qu'elle pensait au spectacle annuel, son estomac se nouait comme s'il était serré par un ruban trop étroit. Mais cette année, Clara avait décidé que ce serait différent. Cette année, elle danserait le solo de la Petite Cygne dans le Lac des cygnes.

Alors que les jours s'allongeaient et que les cerisiers commençaient à fleurir, marquant l'approche du printemps et du spectacle de fin d'année, Clara sentait monter en elle à la fois l'enthousiasme et le trac. Chaque leçon avec Mademoiselle Fleur était un pas de plus vers ce moment qui pourrait déterminer son destin dans le monde de la danse.

Mademoiselle Fleur était bien plus qu'une enseignante; elle avait été autrefois une étoile de l'Opéra de Paris, une danseuse si talentueuse que les gens venaient de loin juste pour la voir danser. Maintenant, avec des yeux qui avaient vu de nombreux hivers et des mains qui avaient guidé d'innombrables élèves, elle voyait quelque chose de spécial en Clara. "La danse", disait-elle souvent, "n'est pas seulement dans les pas ou les mouvements. Elle est dans l'âme. Et toi, ma petite, tu as une âme qui danse même quand tes pieds sont immobiles."

Les mots de Mademoiselle Fleur résonnaient dans les oreilles de Clara alors qu'elle s'entraînait, chaque jour, chaque mouvement répété jusqu'à ce qu'il devienne une partie d'elle-même. Le studio de danse était devenu son monde, le parquet dur sous ses pieds était son terrain, les autres danseuses étaient ses sœurs, et la musique était son langage.

Mais ce n'était pas seulement le travail acharné qui remplissait les jours de Clara. Il y avait des moments de pure joie, comme lorsqu'elle découvrait un passage secret derrière l'un des grands miroirs, menant à un petit balcon caché. De là, elle pouvait voir les toits de Paris et rêver en grand. Il y avait l'amitié, en particulier avec Léonie, une fille au rire contagieux qui trouvait toujours le moyen de faire sourire Clara, même dans les jours les plus difficiles.

Et puis il y avait le mystérieux garçon au piano, Julien, qui parfois remplaçait le pianiste régulier. Ses yeux suivaient Clara pendant qu'elle dansait, et sa musique semblait parler directement à son cœur. Il était différent des autres garçons que Clara connaissait ; il y avait une tristesse dans ses yeux qu'elle ne pouvait déchiffrer.

Le temps passait à vol d'oiseau, et le jour du spectacle arrivait inexorablement. Clara avait appris son solo à la perfection, mais la peur de la scène était toujours là, un ennemi invisible qui l'attendait au tournant.

La nuit précédant le spectacle, une tempête s'abattit sur Paris. Le vent hurlait entre les arbres, et la pluie tambourinait contre les fenêtres de la chambre de Clara. Incapable de dormir, le cœur battant trop fort, les mains froides, elle s'enveloppa dans une couverture et se dirigea vers le studio de danse. Peut-être y trouverait-elle la paix.

Lorsqu'elle ouvrit la porte du studio, elle trouva Julien assis au piano sous le clair de lune, qui filtrait à travers les vitraux, jouant une mélodie douce et mélancolique. Clara s'approcha en silence, et il cessa de jouer. "Je ne peux pas dormir," dit-elle. "La peur est trop grande."

Julien la regarda, et pour la première fois, Clara vit un sourire éclairer son visage. "Alors danse," dit-il. "Danse pour moi, sans peur. Il n'y a personne ici, juste nous et la musique."

Et Clara dansa, elle dansa comme elle ne l'avait jamais fait auparavant, libre de toute crainte, chaque mouvement une expression de l'âme. Et Julien joua pour elle, chaque note une promesse qu'elle ne tomberait pas.

Le jour suivant, le soleil brillait haut dans le ciel, comme si la tempête n'avait jamais été. Clara entra en scène, les projecteurs l'illuminèrent, et tandis que la musique commençait, elle sentit la peur s'évanouir.

Elle dansa pour elle-même, elle dansa pour Mademoiselle Fleur, pour Léonie, pour Julien, mais surtout, elle dansa pour le rêve qu'elle avait gardé vivant dans son cœur depuis qu'elle était une petite fille regardant les danseuses depuis la fenêtre d'un studio de danse parisien.

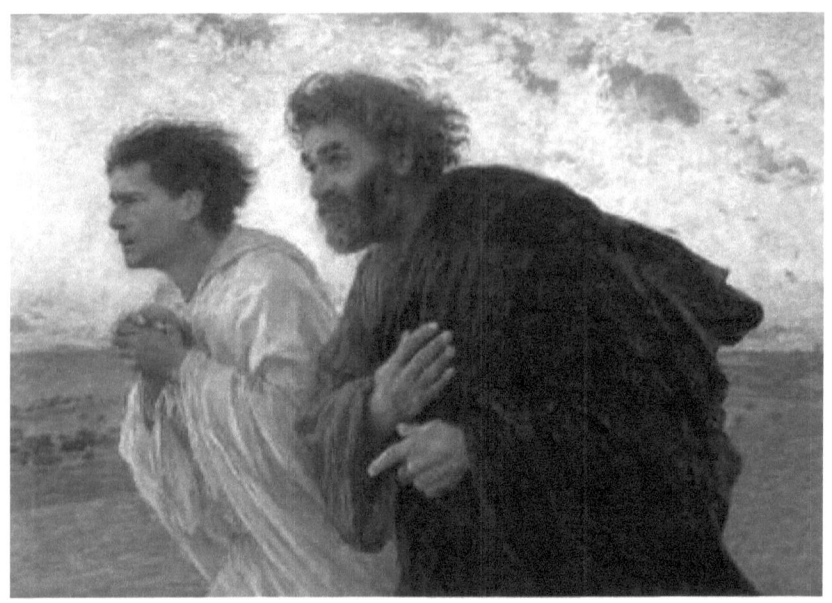

L'aube teintait l'horizon de rose et d'or, et le village était encore enveloppé dans le silence. Pierre et Jean, deux hommes unis par une amitié forgée dans le feu de l'espoir et la douleur de la perte, se trouvèrent soudainement sur le même chemin poussiéreux.

La nuit avait été agitée, pleine de rêves qui semblaient trop réels pour être confinés au sommeil. Un ange dans une vision avait parlé d'une tombe vide, d'un miracle défiant toute loi naturelle et humaine. La mort, disait la voix lumineuse, avait été vaincue.

Pierre, avec sa barbe négligée et ses yeux creusés par trop de pensées, était le premier à douter. Sa foi était têtue, celle qui s'accroche aux certitudes comme un naufragé à l'épave d'un navire. Mais le besoin de savoir, de voir de ses propres yeux, était un feu qu'il ne pouvait ignorer.

Jean, le plus jeune, était comme une flamme en perpétuel mouvement, ses boucles sombres agitées par le vent et la ferveur. Son espoir était un chant qui ne connaissait pas de silence, un hymne à la vie qui refusait de se rendre à la douleur.

Ensemble, ils coururent vers le sépulcre, leurs pas une prière, chaque souffle un acte de foi. Le chemin se déroulait devant eux comme le récit d'un prophète, chaque pierre un symbole, chaque arbre un témoin silencieux de leur pèlerinage.

Arrivés devant la tombe, le monde sembla s'arrêter. La pierre avait été roulée, et l'intérieur était un vide qui appelait à lui tous leurs doutes, toutes leurs peurs. Mais dans ce vide, dans ce silence absolu, quelque chose d'incroyable prit forme – la possibilité que la fin ne soit pas une fin, que la fin puisse être seulement un nouveau commencement.

Pierre entra le premier, son souffle lourd emplissait l'air. Puis, avec une exclamation étouffée, il s'arrêta. Jean, le suivant, ne vit que les bandelettes abandonnées, le seul signe que Lui, leur Maître, leur ami, avait été là.

La lumière du matin grandissait, et avec elle, une compréhension silencieuse. Les mots de l'ange résonnaient dans la tombe vide, dans leur cœur, dans l'air même qu'ils respiraient : "Il n'est pas ici, il est ressuscité."

L'histoire de la résurrection n'était pas la fin, mais le début. C'était la promesse que chaque chute peut précéder un soulèvement, que chaque adieu peut cacher un retour, que chaque fin peut être le présage d'une nouvelle aube.

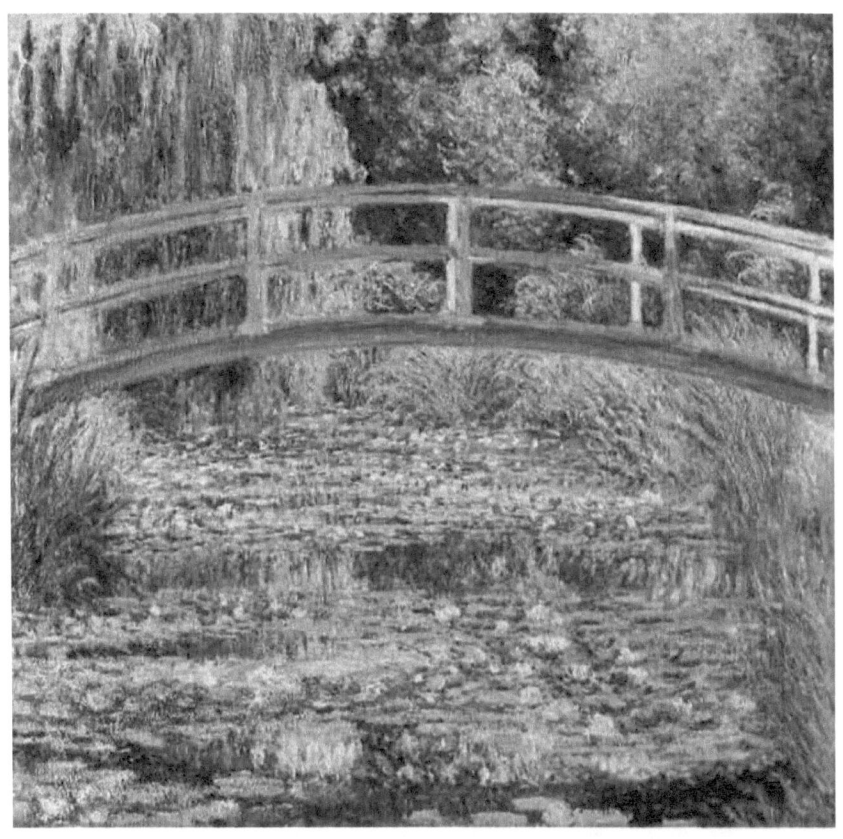

Dans le calme d'un petit village, loin de l'agitation des villes, vivait un homme nommé Georges. Il avait passé la majeure partie de sa vie sous les projecteurs en tant que jardinier renommé, mais maintenant, au crépuscule de ses jours, il ne cherchait que la paix. Son dernier et plus grand ouvrage était un jardin, une ode à la tranquillité et au rythme naturel du monde.

Au centre de ce jardin, il y avait un étang, une étendue d'eau calme encadrée de nénuphars et de saules pleureurs. Mais le véritable joyau était un petit pont de bois, courbé et accueillant, qui semblait relier non seulement les rives de l'étang, mais aussi les moments heureux du passé de Georges avec les réflexions paisibles du présent.

Chaque matin, Georges traversait ce pont, laissant le craquement des planches sous ses pas lui rappeler que, malgré les fragilités, il y avait encore force et beauté dans la continuité. Les nénuphars en dessous de lui étaient comme les souvenirs : certains émergeant clairs et vivants, d'autres estompés et cachés dans les profondeurs sombres de l'étang.

Les gens du village étaient attirés par ce lieu magique, mais pour Georges, c'était plus qu'un simple jardin : c'était un compagnon silencieux qui écoutait ses pensées les plus intimes sans jamais juger. Il parlait au jardin comme s'il pouvait comprendre, racontant des histoires sur les saisons qu'il avait vues passer et sur les personnes qui avaient laissé une empreinte dans sa vie.

Un jour, un jeune couple traversa le pont et Georges observa de loin. Ils ne voyaient qu'un paysage pittoresque, inconscients de la richesse des histoires que ces nénuphars murmuraient au vent. Il décida qu'il était temps de partager ces histoires, de révéler la sagesse cachée entre les pétales et les feuilles.

Georges commença à écrire, et à chaque mot, le jardin prenait vie d'une manière nouvelle. Ses histoires parlaient de vérités simples : l'importance du moment présent, la beauté de se laisser aller au flux de la vie, le courage de grandir et de changer comme les plantes qu'il soignait avec tant de dévouement.

Lorsque l'histoire fut achevée, il la laissa sur un banc près du pont. Quiconque passait par là pouvait la prendre et plonger dans les réflexions d'un homme qui avait trouvé la sérénité dans la nature. Et le pont, avec ses planches usées et les nénuphars en dessous, est devenu un symbole de passage : du tumulte à la paix, de la solitude à la communion avec le monde.

L'histoire de Georges et de son jardin se propage encore aujourd'hui, comme les nénuphars continuent de fleurir année après année, rappelant à tous que la beauté et la compréhension résident souvent dans les lieux les plus calmes et les plus simples.

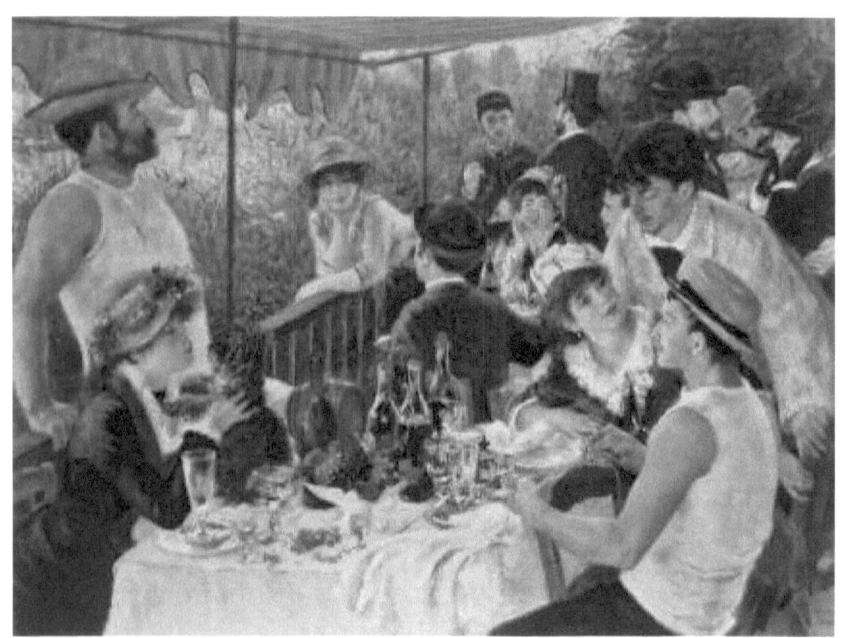

Sur la terrasse d'une auberge donnant sur le fleuve, l'air était rempli de rires et de conversations. Le soleil, déjà haut dans le ciel, versait sa chaleur généreuse sur les convives réunis pour un banquet d'été. C'étaient des amis de longue date, certains connaissances récentes, tous unis par l'amour des plaisirs simples de la vie.

Au centre de la table se trouvait Mathieu, l'aubergiste, un homme au rire contagieux et au cœur grand. Son auberge était un carrefour d'histoires, un lieu où les gens venaient non seulement se nourrir, mais aussi partager joies et peines. Mathieu connaissait chaque client, chaque visage était un chapitre d'un livre qui se déployait jour après jour.

Aujourd'hui était un jour spécial. Ils célébraient le retour d'Étienne, le marin qui avait passé des années en mer et que tous croyaient perdu. Son retour avait réuni la communauté dans une célébration spontanée de l'amitié et du miracle de la vie.

Parmi les convives, il y avait aussi Louise, la fille de Mathieu, une jeune femme à l'apparence délicate mais à l'esprit ferme et décidé. Ses yeux cherchaient Étienne, avec qui elle avait partagé une tendre amitié d'enfance qui s'était lentement transformée en amour. Pendant la longue absence d'Étienne, Louise avait gardé son secret, espérant contre toute espérance son retour.

À côté de Louise se trouvait Paul, le peintre du village, qui capturait le moment avec ses yeux attentifs et son cœur plein d'inspiration. Tout autour de lui était un tableau prenant vie : les sourires, les regards, les verres levés en un toast, les mains se touchant sous la table. Il y avait une magie dans l'air, une douceur que seuls les jours d'été peuvent offrir.

Avec chaque rire s'élevant au ciel, avec chaque verre se remplissant, l'histoire de ce jour se tissait avec l'histoire de chaque âme présente. C'était un récit de communauté, de retrouvailles, de liens qui ne se brisent même pas face à l'immensité de la mer.

Quand le soleil commença à décliner, jetant de longues ombres sur la terrasse, Étienne prit la main de

Louise. D'un regard, ils se dirent tout ce que les mots ne pouvaient exprimer. Leur histoire, cachée pendant des années dans les profonds abîmes, brillait maintenant claire comme le jour.

Mathieu, observant la scène, comprit que son auberge était devenue bien plus qu'un lieu de restauration. C'était un théâtre de vies entrelacées, une scène où chaque jour se jouait un nouveau acte d'une œuvre infinie.

Et Paul, le peintre, immortaliserait ce moment non seulement dans sa mémoire, mais aussi sur la toile, car il savait que le véritable art ne réside pas seulement dans la reproduction de la réalité, mais dans la capture de l'essence de ce qui nous rend humains : l'amour, l'amitié et la joie de se retrouver ensemble.

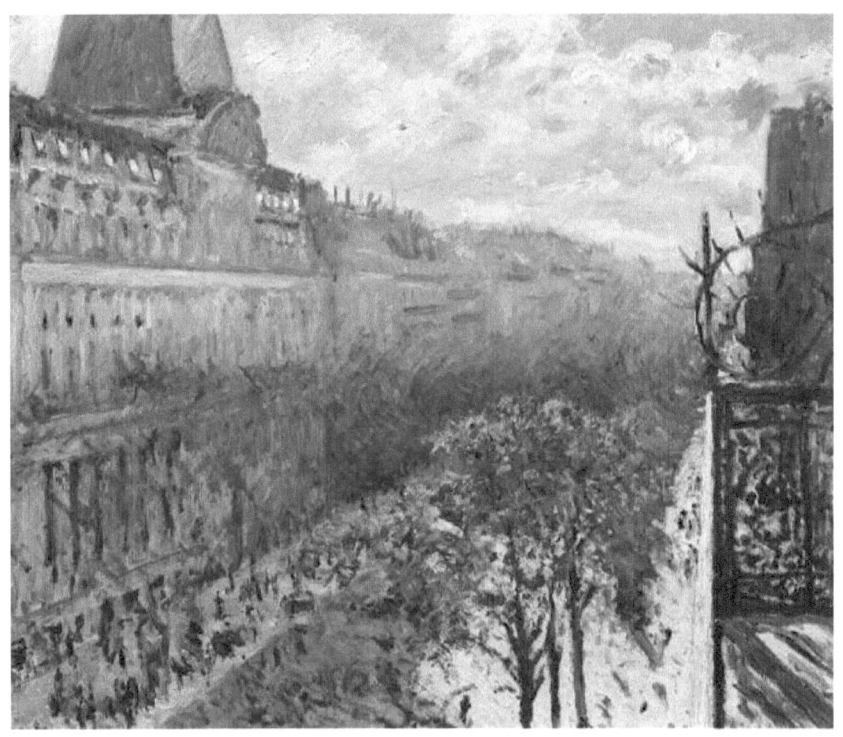

Depuis la fenêtre de son petit appartement au cinquième étage, Madame Lefèvre observait le Boulevard des Italiens. C'était une journée claire de début d'automne et l'avenue s'étendait sous elle, un fleuve de vie qui coulait incessant entre les façades élégantes des immeubles parisiens.

Madame Lefèvre avait vu ce boulevard changer au fil des années, elle avait vu des boutiques ouvrir et fermer, elle avait vu des gens venir et partir. Chaque arbre qui se teintait de rouge et d'or apportait avec lui des souvenirs d'automnes passés, de rencontres et d'adieux, de larmes cachées et de sourires partagés.

Dans sa jeunesse, elle avait été une des étoiles du théâtre de l'Opéra Comique, une voix qui avait enchanté et fait rêver. Maintenant, le rideau était tombé sur sa carrière, mais pas sur son esprit. Le boulevard était son scène quotidien, les gens qui passaient sous sa fenêtre les acteurs d'une comédie sans fin.

Chaque jour, à trois heures précises, elle s'asseyait à côté de la fenêtre avec une tasse de thé fumant à la main, observant le monde qui se déployait devant elle. Elle connaissait le rythme des journées : la hâte matinale, le lent écoulement de l'après-midi, le retour à la maison le soir.

Il y avait le vieil homme qui passait toujours à la même heure, ponctuellement, avec son chapeau légèrement de travers et sa canne qui tapait sur le pavé. Il y avait les enfants sortant de l'école, une cacophonie de rires et de bavardages. Il y avait le couple de jeunes amoureux qui se retrouvait en secret près de la statue à l'angle de la rue.

Mais il y avait une personne qui attirait particulièrement son attention : un homme d'âge moyen, toujours impeccablement habillé, qui se promenait le long du boulevard comme s'il cherchait quelque chose ou quelqu'un. Madame Lefèvre sentait que cet homme portait avec lui une histoire, un mystère que seul le boulevard connaissait.

Intriguée, elle décida qu'elle écrirait l'histoire de cet homme. Elle commença à imaginer sa vie, à tisser les fils de son passé. Peut-être était-il un artiste incompris, peut-être un amant en attente d'un retour, peut-être un voyageur temporel perdu dans une époque qui n'était pas la sienne.

Jour après jour, l'histoire grandissait, prenait forme sur le papier comme elle avait pris forme dans son esprit. Et en écrivant, Madame Lefèvre ressentait à nouveau cette étincelle, ce frisson qui avait toujours accompagné ses performances sur scène. La vie, découvrait-elle, ne s'arrête jamais vraiment à un certain âge ; elle se transforme simplement en une nouvelle forme d'art.

Le boulevard était son inspirateur, et elle, de sa fenêtre, en était l'éternelle spectatrice, prête à capturer chaque fragment de vie qui se déroulait sous ses yeux.

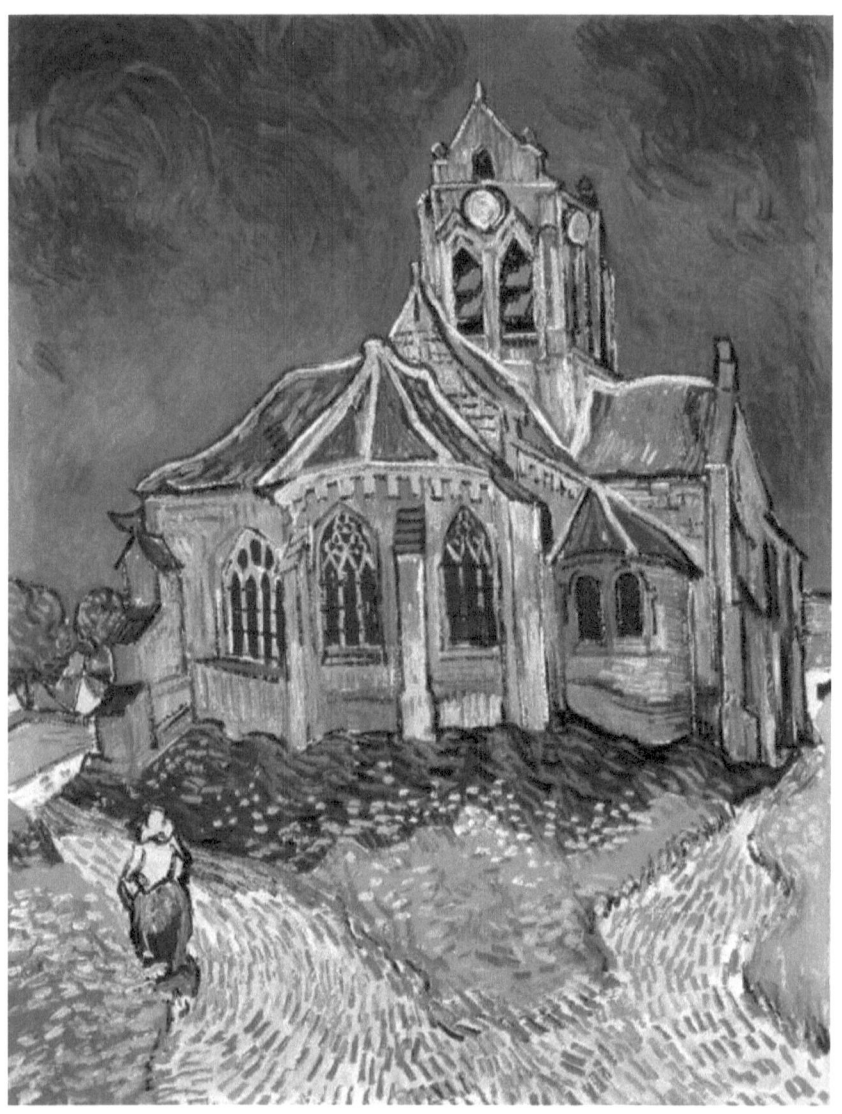

Dans un petit village enveloppé dans le châle vert des campagnes françaises, l'église d'Auvers se dressait fièrement contre le ciel changeant. Son clocher s'élevait, un phare pour les fidèles et un signe d'espoir pour les voyageurs. Chaque dimanche, le son des cloches se répandait à travers les champs, appelant les habitants du village à se rassembler pour la messe matinale.

Au fil des années, l'église avait vu passer des générations. Elle avait écouté des prières murmurées et des chœurs de voix s'élevant en chants sacrés. Ses pierres avaient gardé des secrets, des joies et des peines, et ses vitraux avaient coloré la lumière du jour en histoires bibliques.

Parmi ses visiteurs habituels, il y avait Monsieur Martin, un homme âgé qui avait consacré une grande partie de sa vie à la soin de l'église. Chaque matin, avant que le village ne s'éveille, il ouvrait les lourdes portes en bois et se promenait le long de la nef, caressant les bancs en bois usés par le temps. Pour lui, l'église n'était pas seulement un bâtiment ; c'était un compagnon silencieux qui l'avait accompagné à travers les turbulences de la vie.

Un jour, alors que Monsieur Martin fermait l'église, il remarqua une figure solitaire assise sur un des bancs à l'arrière. C'était une jeune femme, le visage caché dans ses mains, plongée dans une douleur silencieuse. Il s'approcha discrètement et s'assit à côté d'elle, offrant sa présence comme réconfort. La femme, nommée Sophie, avait récemment perdu son père et cherchait la paix entre les murs consolateurs de l'église.

Dans les jours suivants, Sophie revint et, sous la direction de Monsieur Martin, commença à découvrir l'histoire de l'église, chaque recoin et chaque angle renfermant un fragment du passé. Elle trouva consolation dans les histoires des vitraux, dans les figures des apôtres qui semblaient lui offrir une compagnie silencieuse.

Au fil des semaines, l'église devint pour Sophie un lieu de réflexion et de renouveau. Elle commença à voir la beauté dans la continuité de la vie, tout comme l'église avait vu le cours incessant des saisons et des vies humaines.

Monsieur Martin et Sophie devinrent les gardiens de l'église, liés par leur quête commune de sérénité. L'église d'Auvers, avec sa façade irrégulière et son clocher défiant le ciel, continua d'être un symbole de résistance perpétuelle et d'espoir, un lieu où le passé et le présent se rencontraient et où chaque âme trouvait un sentiment d'appartenance.

Cette histoire crée un lien entre l'église, un lieu de spiritualité et d'histoire, et les personnages qui trouvent confort et connexion dans son étreinte. L'église devient un personnage vivant dans le récit, un témoin silencieux des vies entrelacées dans la communauté qu'elle sert.

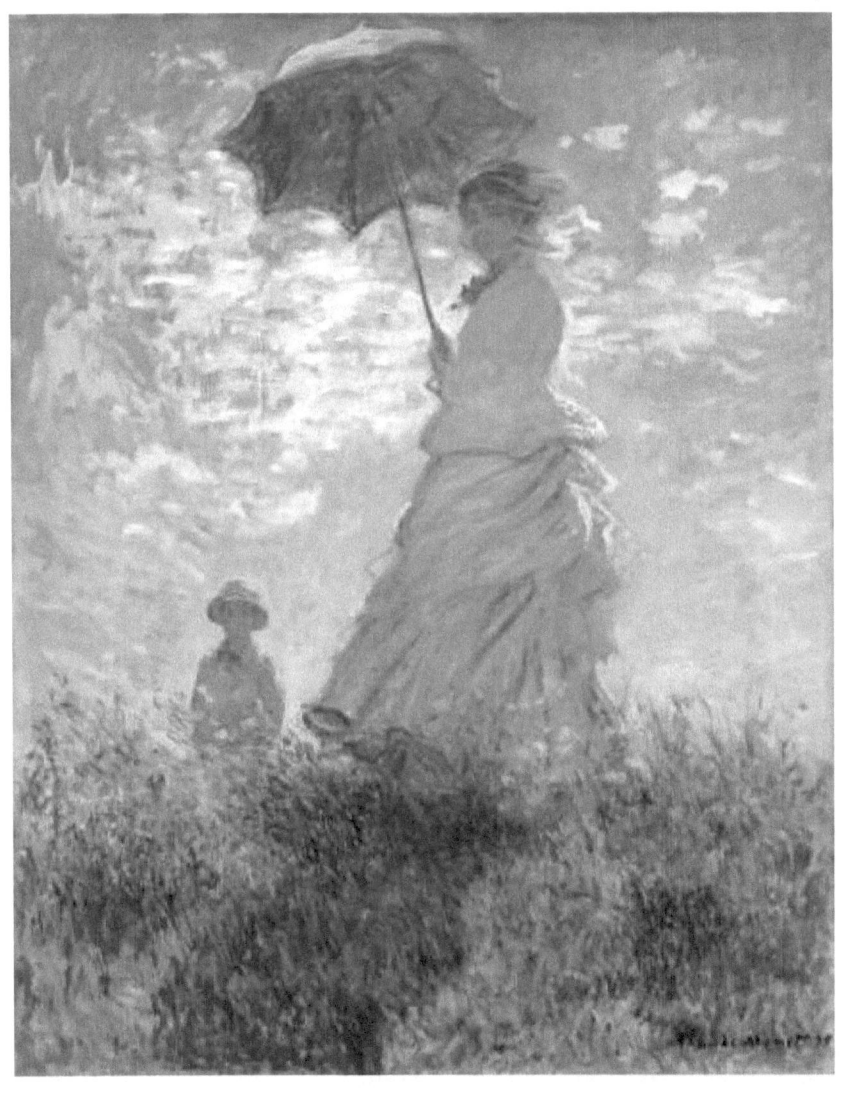

Dans un après-midi de printemps, le vent soufflait doucement sur les champs de blé et de coquelicots. Camille, tenant son parasol vert en main, marchait le long du sentier qui bordait la colline, accompagnée de son jeune fils André. Les rayons du soleil filtraient à travers le tissu du parasol, teintant le visage pensif de la femme d'une douce teinte verte.

Camille était une peintre, une femme qui avait consacré sa vie à l'art et à la beauté, poursuivant la lumière et les couleurs avec une ardeur que seuls ceux qui voient le monde à travers les nuances d'une palette pouvaient comprendre. André, encore un enfant, était son fidèle compagnon d'aventure, toujours prêt à la suivre avec curiosité dans les coins les plus pittoresques de la campagne.

Ce jour-là, Camille avait choisi d'emmener son chevalet et ses couleurs au sommet de la colline, où le ciel semblait rencontrer la terre. Elle voulait enseigner à André l'art de la patience, la capacité d'attendre que le paysage révèle ses secrets, que la bonne lumière transforme un paysage ordinaire en quelque chose d'extraordinaire.

Tandis qu'elle peignait, elle racontait à André des histoires d'artistes et de voyageurs, de paysages lointains et de séjours dans des villes d'art. Elle parlait de Paris et de ses rues animées, des cafés où les peintres se rencontraient pour discuter de nouveaux courants artistiques, des galeries qui exposaient des œuvres changeant la façon de voir le monde.

André écoutait, absorbant chaque mot comme une éponge. Ses yeux brillaient de merveille tandis qu'il regardait sa mère donner vie à la toile avec des touches rapides et sûres. Pour lui, Camille n'était pas seulement sa mère ; elle était un guide, une source d'inspiration, l'image vivante de ce que signifiait vivre pour sa passion.

La journée passa en un souffle, entre coups de pinceau et rires, entre jeux et enseignements. Quand le soleil commença à descendre, colorant le ciel de nuances de rose et d'orange, mère et fils rentrèrent chez eux, emportant avec eux une toile qui capturait non seulement la beauté de la nature, mais aussi le lien invisible qui les unissait.

Camille savait que ces journées étaient précieuses, que le temps passé avec André était un cadeau qui façonnerait le garçon qu'il deviendrait. Et André, à chaque pas aux côtés de sa mère, apprenait à regarder le monde non seulement avec les yeux, mais aussi avec le cœur.

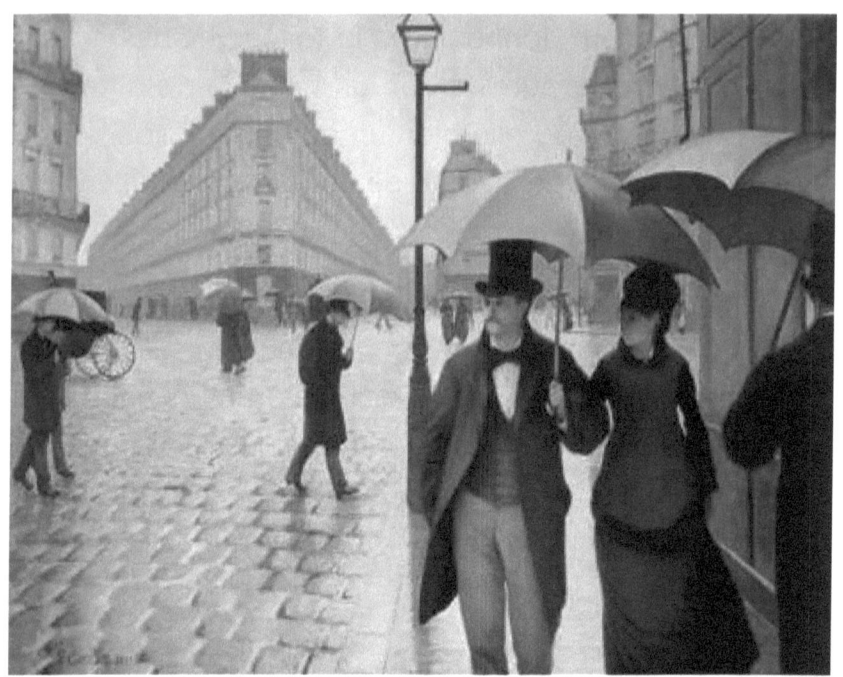

Les rues de Paris étaient une toile de mille histoires, et cette matinée pluvieuse d'avril ne faisait pas exception. Sous un ciel gris et plombé, les parapluies s'ouvraient comme des fleurs dans un jardin improvisé, chacun avec une teinte différente, chacun avec une histoire à raconter.

Parmi les passants, il y avait Monsieur Dubois, un gentilhomme qui marchait d'un pas décidé, un parapluie solide en main. Il était connu dans le quartier pour son élégance et la précision avec laquelle il s'habillait, toujours impeccable malgré le climat capricieux de la ville. À ses côtés, Mademoiselle Clémence, sa fidèle compagne, partageait l'abri de son parapluie.

Monsieur Dubois était un horloger, et sa boutique était un petit trésor caché parmi les rues animées. Les montres qu'il réparait étaient comme les cœurs des personnes qui le fréquentaient : toutes avaient besoin d'attention, toutes avaient une histoire, toutes avaient un rythme unique.

Ce jour-là, Monsieur Dubois avait un rendez-vous spécial. Dans la poche intérieure de sa veste reposait une montre de poche qu'il avait réparée pour un vieil ami, un compagnon de guerre qu'il n'avait pas vu depuis des années. La montre était un souvenir de temps difficiles, mais aussi un symbole de résistance et d'espoir.

Le chemin jusqu'à la rencontre était long, mais lui et Mademoiselle Clémence l'affrontaient avec sérénité. La pluie créait un voile qui séparait leur petit univers de paroles murmurées et de pas synchronisés du monde bruyant et pressé.

Avançant, autour d'eux la vie de Paris se déroulait dans un ballet de gestes quotidiens. Il y avait le vendeur de journaux qui élevait la voix pour se faire entendre au-dessus du fracas des calèches, il y avait les étudiants qui riaient sous les parapluies partagés, il y avait les couples qui profitaient de la pluie pour voler des baisers cachés.

Arrivés au café où aurait lieu la rencontre, Monsieur Dubois et Mademoiselle Clémence s'arrêtèrent un instant sur le seuil. Ils regardèrent en arrière, au chemin parcouru, puis en avant, vers la chaleur et la lumière filtrant des fenêtres. Cette route mouillée avait été témoin de leur parcours, comme elle l'avait été pour tant d'autres avant eux.

Quand ils se sont finalement assis à la table et que Monsieur Dubois a sorti la montre de sa poche, la caressant doucement sur le couvercle gravé, il savait qu'il allait offrir bien plus qu'un simple objet réparé. Il allait offrir du temps retrouvé, des souvenirs remontés à la surface, et la certitude que, malgré tout, le temps est un fleuve qui nous porte en avant, ensemble, à travers chaque tempête.

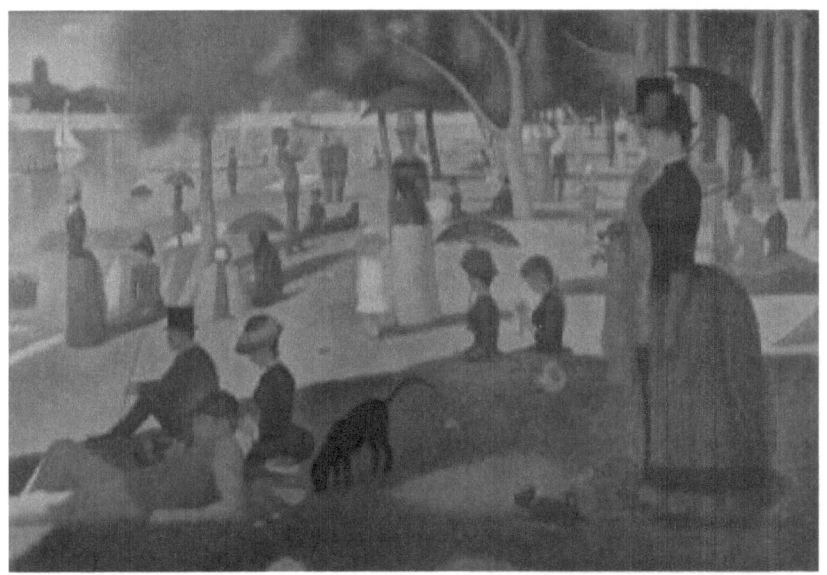

Sur le pré de La Grande Jatte, une île au cœur de la Seine, le temps semblait s'écouler à un rythme différent. C'était un dimanche de fin d'été et les familles parisiennes, fatiguées du chaos de la ville, s'étaient réfugiées dans ce bout de nature pour une pause dans leur routine quotidienne.

Parmi les diverses figures, il y avait Mademoiselle Juliette, une jeune femme qui, sous l'ombre d'un arbre, lisait attentivement une lettre fraîchement reçue. Son expression était un mélange de surprise et de mélancolie, et les mots écrits à l'encre noire lui évoquaient des souvenirs d'un amour lointain. La lettre était de Henri, son fiancé, qui travaillait comme ingénieur sur le canal de Panama, un monde loin des rives tranquilles de La Grande Jatte.

Non loin de là, Monsieur Renard, un vétéran de guerre, était assis raide sur sa chaise portable, un monoculaire à la main. Il observait avec un œil critique le défilé des voiliers sur le fleuve. Chaque embarcation le ramenait à ses aventures en haute mer, à l'époque où il était capitaine d'un navire marchand.

Sur le sentier, près de la rive, Mademoiselle Colette se promenait avec ses deux enfants, Jacques et Marie. Les petits, avec leur curiosité insatiable, s'émerveillaient de chaque petite merveille de la nature, des canards nageant près du rivage aux dessins que les nuages formaient dans le ciel. Colette, récemment veuve, trouvait du réconfort dans le sourire innocent de ses enfants, qui étaient sa force et son espoir pour l'avenir.

Dans l'ombre d'un parapluie coloré, M. Léon et Mme Madeleine, un couple d'âge mûr, partageaient un pique-nique silencieux. Ils n'avaient plus besoin de mots pour communiquer ; leurs gestes affectueux en disaient plus que mille discours. M. Léon, un boulanger renommé, avait apporté une sélection de ses meilleures baguettes et fromages, tandis que Madeleine avait préparé un délicieux gâteau aux pommes.

Près de la rivière, le jeune Pierre, un peintre émergent, capturait la scène avec sa palette de couleurs vives. Il était fasciné par la lumière qui filtrait à travers les feuilles et par les contrastes qui animaient le pré. Dans chaque personne, dans chaque détail, il voyait une histoire à raconter, un moment à immortaliser.

Et il y avait aussi le vieux Anatole, le violoniste, dont les accords doux et mélancoliques se mêlaient aux murmures des conversations et aux rires des enfants. Sa musique était un pont entre le passé et le présent, une mélodie qui unissait les histoires de tous ceux qui partageaient cet après-midi d'été sur La Grande Jatte.

Au fur et à mesure que l'après-midi se rapprochait du soir, chacun de ces personnages emportait avec lui un morceau de cette journée, un souvenir à chérir jalousement. La Grande Jatte était plus qu'un simple parc ; c'était un refuge, un théâtre en plein air, un lieu où la vie de chaque individu s'entremêlait avec celle des autres, créant un tableau vivant d'existences en mouvement.

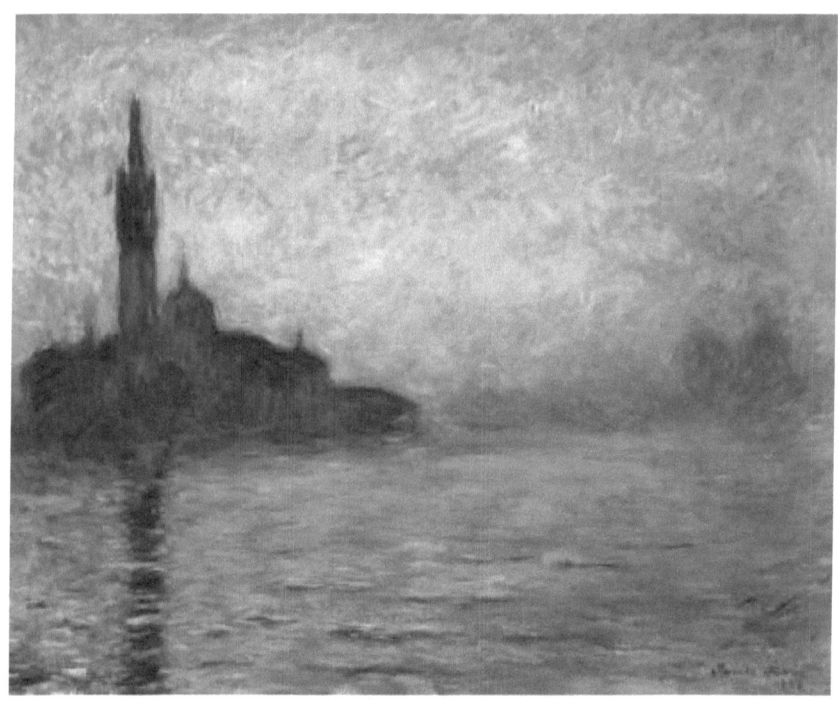

À la chaude lumière du coucher de soleil, le ciel au-dessus de Venise s'enflammait d'orange, de rose et de violet, reflétant sa gloire dans les eaux calmes du canal. Sous ce ciel enchanté, le campanile de San Giorgio Maggiore se dressait comme un signal, un guide pour les navigateurs et un phare pour les habitants de la cité sur l'eau.

Dans une petite gondole, Giovanni, un gondolier âgé dont les mains avaient sillonné les eaux de Venise pendant plus de décennies qu'il ne pouvait s'en souvenir, ramait doucement, se laissant bercer par le rythme lent des vagues. À ses côtés, Maria, une jeune femme au regard pensif, était revenue à Venise après de nombreuses années passées à l'étranger.

Maria avait grandi dans cette ville, entre des ruelles étroites et des petites places cachées, mais la vie l'avait emmenée loin, dans des terres étrangères où elle avait construit une carrière réussie. Cependant, elle n'avait jamais oublié le rouge et l'or des couchers de soleil vénitiens, ni la façon dont l'eau jouait avec la lumière, transformant chaque soir la ville en une œuvre d'art vivante.

"Vous souvenez-vous du coucher de soleil, Giovanni ?" demanda Maria, la voix légère comme le frôlement d'une robe de soie. "Comment pourrais-je l'oublier, mademoiselle ?" répondit Giovanni avec un sourire qui cachait des histoires de jeunesse et de temps révolus. "C'est le secret le mieux gardé de Venise, le moment où le jour embrasse la nuit, et tout peut arriver."

Tandis que la gondole glissait silencieusement, Giovanni racontait à Maria les légendes de la ville, de nobles amants et d'artistes inspirés par cette magie que seule Venise savait offrir. Il parlait de peintres qui avaient cherché à capturer l'essence du coucher de soleil, de poètes qui avaient composé des vers en l'honneur de sa beauté éphémère.

Maria écoutait, absorbant chaque mot, chaque histoire, et regardait le campanile se détacher contre le ciel enflammé. Elle se demandait combien d'autres âmes avaient observé cette même scène, combien de prières avaient été envoyées au ciel dans ce moment de transition du jour à la nuit.

Le soleil finit par plonger derrière l'horizon, laissant derrière lui une traînée de couleurs qui se fondait lentement dans l'indigo du soir. Maria ressentit une paix qu'elle n'avait pas connue depuis longtemps, un sentiment d'appartenance que seul le retour à la maison pouvait donner.

"Venise te garde dans son cœur, Maria," murmura Giovanni, en amarrant la gondole. "Et toi, tu gardes Venise dans le tien. Peu importe où tu vas ou ce que tu fais ; cette ville te suit, comme l'écho d'un beau souvenir, comme la lumière d'un coucher de soleil inoubliable."

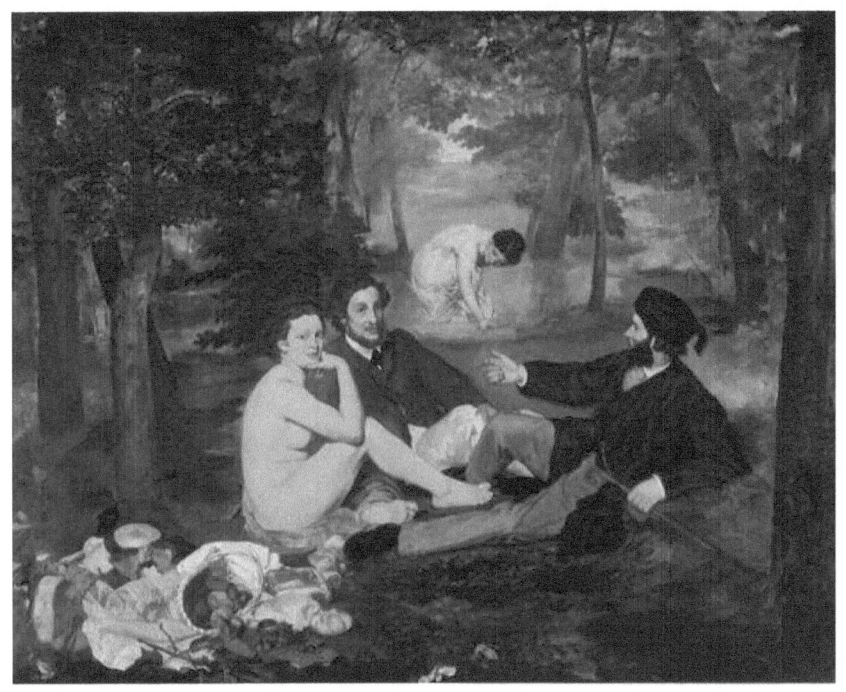

Dans un coin isolé du Bois de Boulogne, loin de l'agitation du Paris du XIXe siècle, un petit groupe d'amis avait trouvé refuge dans la fraîcheur d'un bosquet. Ils étaient des esprits libres, artistes et intellectuels qui trouvaient dans la nature une extension de leur quête de beauté et de vérité.

Antoine, un jeune poète dont les mots cherchaient à capturer l'essence de la vie moderne, avait apporté son dernier manuscrit, désireux de partager ses réflexions avec ses amis. À ses côtés se trouvait Marguerite, une peintre au talent inné, dont l'art explorait le contraste entre la vulnérabilité humaine et la force de la nature.

Avec eux, il y avait aussi Julien, un musicien à l'esprit vif et rebelle, qui se produisait souvent dans les cafés de Montmartre, enchantant son public avec sa guitare et ses mélodies évocatrices. Le groupe était complété par Élise, une danseuse qui avait le talent de transformer chaque mouvement en poésie.

Ce jour-là, ils avaient décidé de laisser pendant quelques heures leurs mondes respectifs de peinture, musique et poésie pour profiter de la simplicité d'un pique-nique en plein air. Il y avait eu un bref débat sur ce qu'il fallait apporter : Marguerite insistait pour le fromage et le pain, tandis que Julien avait apporté une bouteille de vin dérobée dans la cave de son oncle.

Tandis qu'ils riaient et discutaient avec animation des derniers courants artistiques, du rôle de l'artiste dans la société et des changements politiques qui agitaient la ville, ils ne se rendirent pas compte du temps qui passait. Le ciel se teintait de teintes de plus en plus chaudes, et le soleil, filtrant à travers le feuillage, jouait sur leur peau, sur leurs vêtements, sur les paniers du pique-nique.

Élise, inspirée par la beauté du lieu et par l'atmosphère détendue, commença à danser entre les arbres, ses pas légers comme si elle flottait dans l'air même. Antoine déclama certains de ses vers, les mots s'élevaient et se fondaient avec la musique naturelle du bois, avec le bruissement des feuilles et le chant des oiseaux.

Marguerite, frappée par l'harmonie qui s'était créée, sortit sa palette et commença à peindre. Chaque coup de pinceau était une tentative de capturer l'éphémère, de retenir l'instant avant qu'il ne s'échappe. Julien, quant à lui, accompagnait le tout avec une mélodie mélancolique et douce.

L'après-midi se transforma en soirée, et tandis que les étoiles commençaient à apparaître dans le ciel, les quatre amis s'assirent en cercle, réfléchissant aux possibilités infinies que la vie offrait. Ils comprirent que, malgré les différences dans leurs expressions artistiques, ils étaient unis par un désir commun d'explorer, de ressentir et d'exprimer.

Lorsqu'ils finirent par quitter le bosquet pour retourner à la ville éclairée par les réverbères, ils emportaient avec eux la conscience d'avoir partagé quelque chose d'unique, un moment de pure création et de compréhension mutuelle qui continuerait à les inspirer dans leurs œuvres futures.

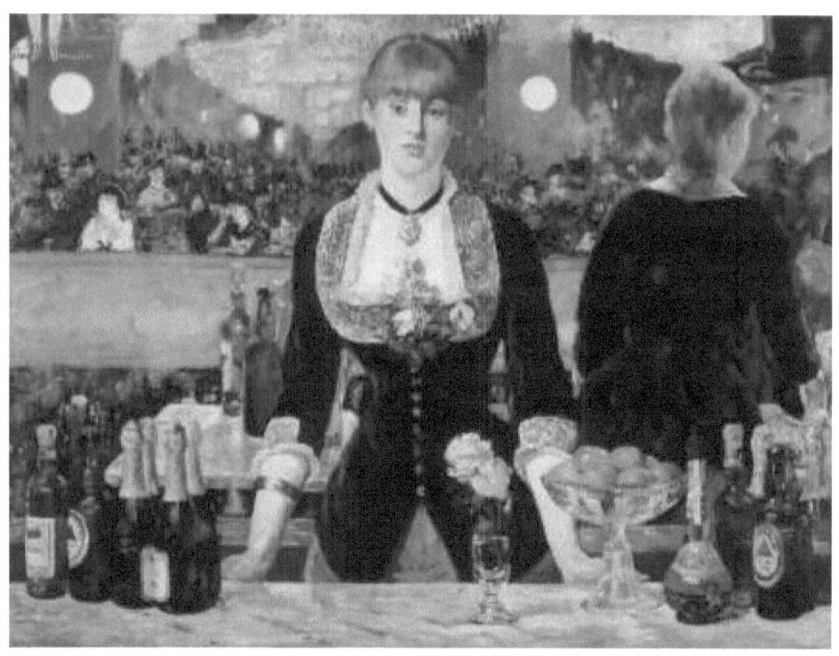

Suzanne avait franchi le seuil des Folies-Bergère pour la première fois avec un mélange de trépidation et d'excitation. La ville de Paris s'ouvrait devant elle comme un livre de promesses et de secrets, chaque page un nouveau chapitre à découvrir, chaque rue un chemin vers le destin. Dans sa valise, elle apportait des pinceaux, des toiles et des tubes de peinture, son passé de fille de la campagne et le rêve de devenir une artiste.

Le travail au bar avait commencé comme une nécessité, un moyen de payer le loyer et les repas, mais il était rapidement devenu quelque chose de plus: une fenêtre sur le monde, une école de vie.

Chaque soirée passée derrière le comptoir était une opportunité d'observer, d'apprendre et d'absorber.

Au fil des mois, Suzanne était devenue une partie intégrante des Folies-Bergère. Sa présence était un point de repère pour les clients habituels et un phare pour les nouveaux venus. Chaque sourire, chaque geste, chaque mot échangé devenait partie d'une danse silencieuse qui se répétait nuit après nuit.

Les leçons qu'elle apprenait étaient variées : de la diplomatie nécessaire pour apaiser les esprits échauffés par l'alcool, à l'art d'écouter sans juger, à la capacité de cacher ses propres sentiments derrière un masque de courtoisie professionnelle.

Mais tout n'était pas doré au bar des Folies-Bergère. Suzanne voyait aussi les ombres, les côtés obscurs de la nuit. Il y avait des histoires de cœurs brisés, de rêves abandonnés, d'espérances étouffées par la fumée des cigarettes et le parfum bon marché. Pourtant, même dans ces ombres, Suzanne trouvait des couleurs pour sa palette, des nuances pour ses tableaux.

Chaque personne qui entrait dans le bar était une pièce du mosaïque que Suzanne composait dans son esprit. Le vieux professeur qui, tous les jeudis soirs, lui racontait ses recherches perdues. La jeune chanteuse qui rêvait de la scène mais qui pour l'instant se contentait des applaudissements de quelques auditeurs au bar. Le soldat revenu du front, qui cherchait à oublier les horreurs vues avec l'aide de l'absinthe.

Suzanne apprit que la vie était un art, et comme tout art, elle nécessitait pratique, patience et passion. Dans chaque verre versé, dans chaque orange coupée, dans chaque bouteille disposée, elle mettait le même soin qu'elle aurait dédié à un portrait ou à un paysage. Et chaque nuit, en nettoyant le comptoir et en éteignant les lumières, elle sentait avoir ajouté une autre touche à son chef-d'œuvre personnel.

Les petites heures la voyaient souvent seule, avec seulement le son de ses pensées et le bourdonnement de la ville endormie à l'extérieur des portes fermées. Dans ces moments, Suzanne peignait. Son pinceau dansait sur la toile, capturant les lumières et les ombres, les visages et les silhouettes, les histoires et les secrets. Le bar des Folies-Bergère devenait un tableau vivant, un portrait collectif de la vie qui coulait autour d'elle.

Quand l'aube commençait à teinter de rose le ciel au-dessus des toits de Paris, Suzanne rangeait le dernier pinceau, regardait son travail et souriait. Un jour, se disait-elle, elle montrerait ces tableaux au monde, partagerait sa vision, son amour pour la nuit et ses habitants.

Et chaque matin, en rentrant chez elle avec les premières lueurs de l'aube, Suzanne savait que, malgré la fatigue, elle avait vécu une autre nuit pleine de vie, un autre chapitre de sa grande aventure parisienne. Les Folies-Bergère lui avaient appris que chaque nuit est une histoire, et que l'art de la vivre est le plus grand des cadeaux.

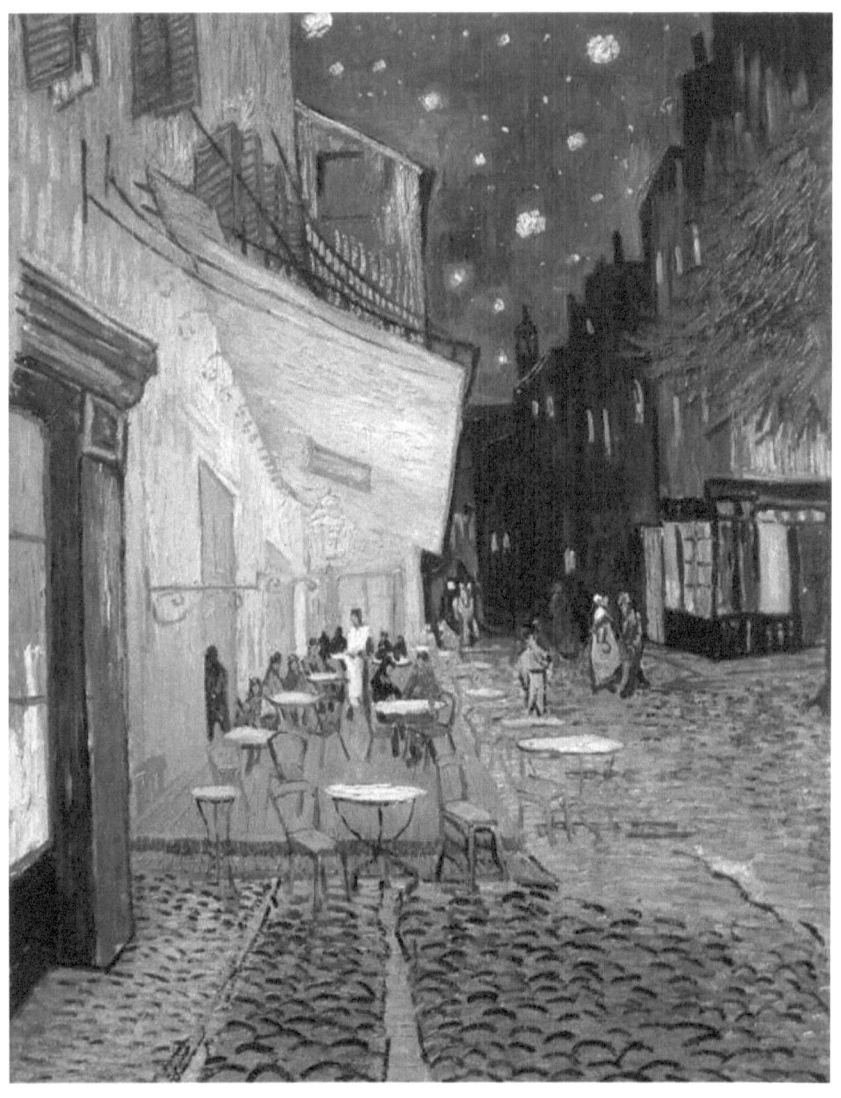

Dans une rue tranquille d'Arles, le café de la terrasse brillait sous le manteau étoilé du ciel nocturne. Vincent, le propriétaire, aimait allumer les lumières à l'extérieur dès que tombait le crépuscule, invitant passants et amis à s'asseoir et à se réchauffer avec une tasse de café fumant ou un verre d'absinthe, l'arôme piquant de la boisson se mélangeant à l'air frais du soir.

Le café était un petit univers à part, un lieu où les vies s'entrecroisaient brièvement avant de diverger à nouveau. Il y avait le vieil Henri, un peintre manqué qui passait maintenant ses journées à raconter des histoires de ce qui aurait pu être. Il s'asseyait toujours à la table dans le coin, son béret légèrement incliné sur la tête, une tache de couleur dans un monde qui parfois semblait trop gris.

À une autre table, les jeunes amoureux Léon et Amélie chuchotaient doucement, leurs mains entrelacées sous la lumière tamisée. Leur histoire d'amour était fraîche comme la brise de printemps, et Vincent les regardait avec un mélange de nostalgie et de joie. Il se souvenait quand lui aussi avait aimé ainsi, de tout son être, avant que la vie ne le mène sur des chemins différents.

Au milieu de la terrasse, des groupes d'amis riaient et discutaient animément. Des artistes locaux, des travailleurs fatigués après une longue journée, des étudiants la tête pleine d'idées et de rêves - le café était un carrefour de pensées et d'ambitions, un lieu où l'on pouvait être qui l'on voulait, ne serait-ce que pour quelques heures.

Vincent, derrière le comptoir, observait la scène avec des yeux experts. Il connaissait les histoires de chacun, leurs secrets et leurs peurs. Il préparait les boissons avec soin, écoutait sans juger et offrait des paroles de réconfort quand c'était nécessaire. Le café était sa toile, chaque client un coup de pinceau ajoutant profondeur et couleur au tableau général.

Dehors, la nuit avançait, mais personne ne semblait pressé de quitter l'enchantement du café. Vincent se permettait un moment de repos, appuyé contre le montant de la porte, regardant la scène devant lui. Les réverbères illuminaient la rue d'un jaune chaleureux, projetant de longues ombres sur le pavé.

C'était dans des moments comme celui-ci que Vincent se sentait le plus proche de l'art qu'il avait toujours aimé. Chaque table racontait une histoire, chaque rire était une note dans une symphonie plus grande, chaque regard échangé un trait d'une fresque que lui seul pouvait voir dans son intégralité.

Alors que la soirée se transformait en nuit, et que les étoiles brillaient de plus en plus lumineuses dans le ciel d'Arles, le café de la terrasse devenait un lieu hors du temps, un refuge de la vie quotidienne. Et Vincent, avec un sourire, savait avoir créé quelque chose de spécial, un coin de monde où chaque soir, sous le ciel étoilé, la vie pouvait s'épanouir dans toutes ses merveilleuses nuances.

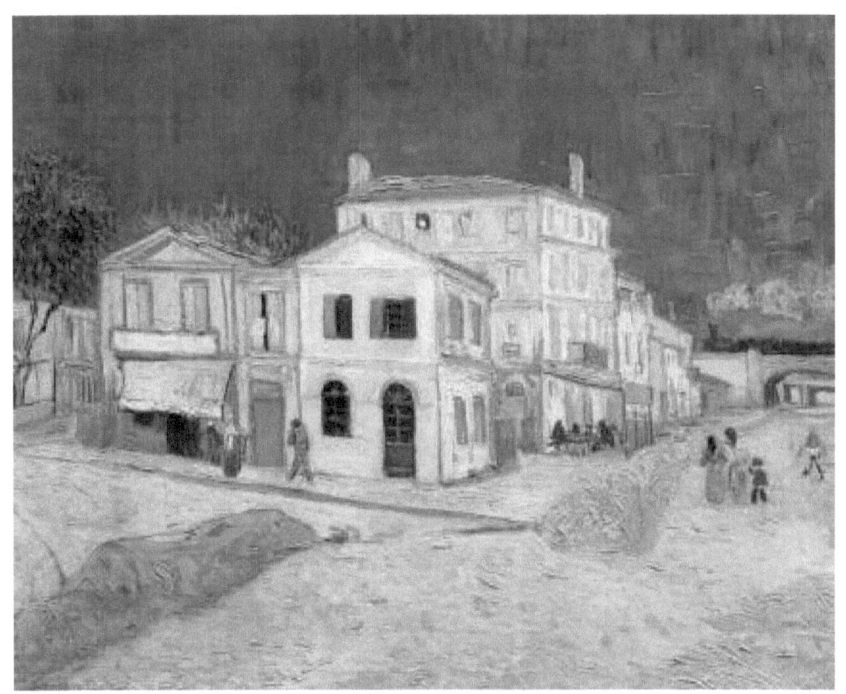

Dans une rue tranquille d'Arles, le soleil de Provence embrassait les façades colorées des bâtiments, les faisant briller comme des joyaux incrustés dans un tableau. Au numéro 2 de la Place Lamartine, se dressait une maison particulière, peinte d'un jaune éclatant qui captivait le regard de quiconque passait par la place : c'était la Maison Jaune, la maison de Vincent, l'artiste du village.

Vincent était un homme de peu de mots, mais sa maison parlait pour lui. Le jaune qu'il avait choisi pour les murs extérieurs était une déclaration d'amour à la lumière et à la chaleur du sud de la France, un signe de bienvenue pour amis et étrangers. Dans la Maison

Jaune, Vincent créait ses chefs-d'œuvre, des tableaux vibrants qui reflétaient sa passion pour la vie et les couleurs.

La place était un mosaïque de vie quotidienne. Le matin, le boulanger ouvrait ses fenêtres pour laisser s'échapper l'odeur du pain fraîchement sorti du four, tandis que les enfants couraient vers l'école avec leurs cartables débordant de livres et d'espoirs. Les femmes du village se rencontraient au marché, entre les étals de fruits et légumes frais, tissant le tissu social de la petite communauté.

Chaque personne que Vincent rencontrait devenait un sujet potentiel pour ses tableaux. Il y avait Madame Martine, la fleuriste, dont les yeux reflétaient le bleu du ciel. Il y avait Paul, le pêcheur, dont la peau bronzée racontait des histoires de mer et de sel. Et il y avait Amélie, la jeune serveuse du café, dont le sourire était comme une mélodie légère qui accompagnait les journées de Vincent.

Malgré la vivacité qui l'entourait, Vincent ressentait souvent le poids de la solitude. Son âme était en tumulte, une tempête d'émotions et de pensées qui se reflétait dans ses peintures. Ses moments les plus sombres étaient secrètement gardés entre les quatre murs de la Maison Jaune, seuls la toile et les pinceaux connaissaient la profondeur de sa mélancolie.

Mais la vie continuait, et la place était le théâtre de rencontres fortuites et de moments partagés. Il y avait le vieux Monsieur Lefèvre, qui s'asseyait chaque jour sur le banc pour lire le journal, dispensant sagesse et anecdotes aux passants. Et il y avait les touristes, attirés par le charme d'Arles et la renommée croissante de l'artiste de la Maison Jaune.

Les saisons changeaient, et avec elles les couleurs de la place. Le printemps apportait des nuances de vert et de rose, l'été était une explosion de lumière, l'automne peignait tout d'orange et de rouge, et l'hiver enveloppait la Maison Jaune dans une étreinte silencieuse et grise. Vincent peignait à travers les saisons, son art un journal du temps qui passait.

Avec la tombée du crépuscule, la place se transformait. Les lumières des réverbères s'allumaient, créant des oasis de chaleur dans l'ombre. Vincent aimait ces moments de transition, quand le jour laissait place à la nuit, et les étoiles commençaient à briller. C'était le moment où ses rêves prenaient vie sur la toile, dansant avec les fantômes du coucher de soleil.

Et ainsi, tandis que la Maison Jaune se teintait des couleurs du coucher de soleil, la vie de Vincent et des habitants de la Place Lamartine s'entrelaçait dans une œuvre d'art vivante. Leurs histoires étaient des coups de pinceau dans un grand fresque communautaire, où chaque jour ajoutait un nouveau détail, une nouvelle couleur, une nouvelle émotion. Vincent se sentait faire partie de cet ensemble, même s'il se sentait parfois flotter au-dessus de celui-ci, un observateur solitaire plongé dans ses pensées profondes.

Quand le soir enveloppait Arles, les ombres longues et douces jouaient entre les coins de la Maison Jaune, et Vincent trouvait du réconfort dans leur présence silencieuse. C'était le moment où il prenait ses pinceaux pour capturer le mystère de la nuit, pour dialoguer avec la lune et avec les étoiles qui depuis longtemps étaient ses fidèles compagnes dans les longues heures de solitude.

Dans les nuits d'insomnie, la maison devenait un sanctuaire de confidences. Vincent se confiait à ses toiles, racontant des espoirs cachés et des amours perdus, des succès non reconnus et des échecs trop évidents. Ses peintures devenaient les pages d'un journal secret, un récit visuel de son existence tourmentée mais aussi extraordinairement belle.

Avec l'arrivée de l'aube, le premier soleil filtrait à travers les fenêtres de la Maison Jaune, balayant les ombres de la nuit. Vincent, souvent encore éveillé, accueillait la lumière comme une vieille amie, laissant chauffer son visage et illuminer ses dernières œuvres. Dans ces instants, il comprenait que malgré tout, son art était son plus grand triomphe.

Vincent n'aurait jamais su combien son art influencerait le monde, combien ses couleurs continueraient à briller bien au-delà de sa vie. La Maison Jaune reste un symbole de cet héritage, un lieu où la lumière de Vincent continue de briller, inspirant de nouvelles générations à chercher la beauté même dans l'ordinaire.

Et tandis que la Maison Jaune vit encore, à travers les saisons et les changements, elle reste un monument à la passion de Vincent pour l'art et à sa quête incessante de beauté et de vérité. Chaque jour, la place accueille de nouveaux visages et dit adieu à de vieux amis, mais l'histoire de Vincent et de sa maison jaune demeure, immuable et éternelle, comme les cycles de la nature qu'il aimait tant peindre.

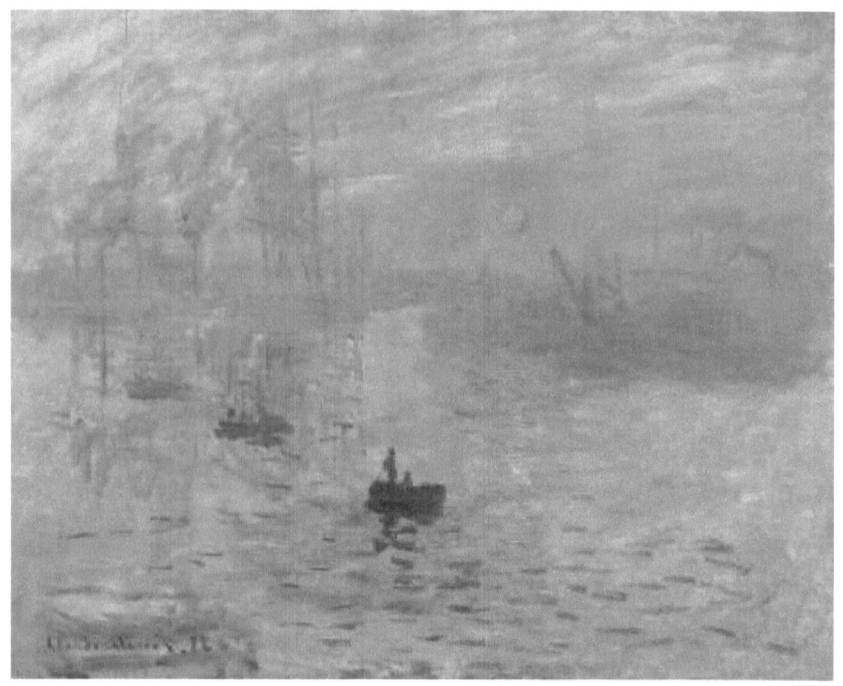

L'aube se levait sur Le Havre, la lumière de l'aurore se répandant comme un voile doux parmi les nuages, teintant le ciel et les eaux tranquilles du port de chaudes nuances de rose et d'orange. Dans le frais matin de fin d'été, les silhouettes des navires et des grues se détachaient à l'horizon, témoins muets d'un monde qui s'éveillait.

Étienne ramait déjà dans sa petite barque. Comme chaque matin, il quittait la rive bien avant que l'aube ne brise le voile de la nuit, pour saisir l'instant où le jour naissait. Il n'était pas pêcheur de métier ; il était un artiste, un chercheur de moments parfaits, un chasseur de lumières et d'ombres. Sa toile l'attendait sur la rive, avec son chevalet et ses couleurs, prêts à capturer l'essence fugace de l'aube.

Tandis qu'Étienne peignait, la mélodie de la mer s'unissait à son travail. Le souffle du vent, le clapotis délicat de l'eau contre la barque, l'appel lointain d'une mouette : chaque son était une note dans une symphonie naturelle qui accompagnait son pinceau.

La sphère ardente du soleil émergeait lentement, un géant timide qui commençait sa danse quotidienne. Chaque jour était une représentation unique, une expression d'art céleste qui changeait avec les saisons, le temps, le battement du cœur de celui qui la regardait.

La lumière de l'aube se reflétait dans l'eau, créant des bandes dorées qui dansaient sur les vagues. Étienne soupirait, conscient qu'aucun tableau ne pourrait jamais égaler la majesté de ce que ses yeux voyaient. Mais cela ne l'arrêtait pas ; chaque tentative de capturer l'impression était un hommage à la beauté du monde.

Au fur et à mesure que la ville s'éveillait, le port devenait une orchestre d'activités. Les travailleurs commençaient leur journée, les voix s'élevaient au-dessus du bruit des machines, et les pêcheurs rentraient avec leurs filets pleins. Le port était vivant, vibrant d'énergie et de vie, et chaque homme et chaque femme en faisaient partie d'un mosaïque que Étienne observait avec admiration.

Parmi les pêcheurs, il y avait Jacques, un vieux loup de mer à la peau marquée par le soleil et aux mains rudes comme de la corde. Chaque matin, lui et Étienne échangeaient un signe de salut : le pêcheur et l'artiste, tous deux habitués à la solitude de leur travail, tous deux amoureux de la mer.

Le tableau d'Étienne prenait vie, une entreprise de couleurs capturant la transition du ciel de l'obscurité à l'éclat de l'aube. Ce n'était pas seulement une représentation visuelle, mais une tentative de saisir l'essence d'un moment éphémère, la sensation d'espoir que chaque nouveau jour apporte.

Avec chaque coup de pinceau, Étienne sentait effleurer quelque chose de transcendantal, une symphonie de couleurs qui parlait plus que les mots ne pourraient jamais le faire. Il savait que chaque matin lui offrait une nouvelle symphonie à interpréter, et que sa toile était la partition sur laquelle il transcrivait des notes de lumière.

Les grues du port, immobiles contre le ciel qui s'éclaircissait, étaient des témoins silencieux du fervent créatif d'Étienne. Elles semblaient veiller sur l'artiste et sur son œuvre, des figures imposantes qui dominaient le paysage en perpétuel changement.

Au loin, les lumières du village de Saint-Rémy scintillaient faiblement. C'était un monde à part, une île de calme dans l'immense mer de l'obscurité. Lucien savait que chaque lumière était une maison, chaque maison une famille, et chaque famille une histoire qui s'entrelaçait avec les autres dans le tissu de la communauté.

En tant que gardien du monastère, Lucien avait vu de nombreuses vies passer par ces portes : certaines cherchant le repos, d'autres la guérison, d'autres encore des réponses. Chaque personne apportait son propre fardeau, sa propre lumière, son propre morceau de ciel.

Le monastère, avec ses murs épais et ses tours, semblait un bastion contre le chaos du monde. Sous la lumière de la lune, il se transformait en un château enchanté, un lieu où le temps s'arrêtait et les pensées trouvaient la paix.

Lucien savait que dans l'une des cellules, un homme, un artiste, était éveillé et travaillait. Vincent, c'était son nom, peignait le ciel nocturne comme personne d'autre ne pouvait le faire. Avec ses pinceaux, il capturait la magie, le mystère, la mélodie des étoiles. Lucien avait vu certaines de ses toiles et à chaque fois, il restait sans voix devant la puissance de son génie.

Même si le vent n'était qu'un murmure, Lucien pouvait entendre ses chuchotements. Il parlait des vies des hommes, de leurs peurs et de leurs passions, de leurs conquêtes et de leurs défaites. Et dans une nuit comme celle-là, le vent apportait les voix des artistes et des poètes, des hommes qui avaient tenté de capturer un fragment de cette beauté éternelle.

Un grand cyprès se dressait contre le ciel, sombre et majestueux. Lucien pensait toujours que cet arbre pleurait des étoiles, ses branches noires comme des larmes se transformant en étincelles de lumière en touchant le ciel. Le cyprès était un gardien silencieux, une sentinelle veillant sur lui et sur le monde endormi.

La lune, pleine et lumineuse, semblait dialoguer avec les étoiles. Il y avait une symphonie dans ce dialogue, une musique que seul Lucien, dans ces nuits de veille, avait le privilège d'écouter. Chaque étoile était une note, chaque constellation un accord, et la lune était le chef de cet orchestre céleste.

Les champs de blé sous lui semblaient onduler dans une danse ancestrale. Même sans vent, les brins d'herbe bougeaient en harmonie avec le ciel, comme si la terre répondait au rythme imposé par les étoiles. Lucien se demandait si c'était la terre qui imitait le ciel, ou si c'étaient les étoiles qui reflétaient l'ordre caché de la nature.

résonnaient sous les pas de ceux qui allaient et venaient, et ses câbles métalliques vibraient comme les cordes d'un violon sous la caresse du vent.

À côté du pont, un groupe de lavandières était au travail. Les femmes bavardaient et riaient, leurs mains plongées dans l'eau fraîche du canal, frottant et rinçant les tissus. Il y avait une jeune mère, Marie, avec son bébé serré contre son dos, une vieille dame, Madame Boucher, dont la force dans les bras témoignait de nombreuses années de dur labeur, et Antoinette, une fille qui rêvait de quitter la campagne pour la ville.

Sur le pont, un artiste, Paul, installait son chevalet. Il était fasciné par la scène qui se déroulait devant ses yeux, par les figures des lavandières contre le bleu vif de l'eau, par le contraste de la structure jaune du pont qui tranchait le paysage. C'était une toile vivante, et il avait l'intention de la capturer dans ses couleurs.

Les enfants du village voisin aimaient jouer autour du pont. Ils couraient le long des sentiers, lançant des pierres dans l'eau pour voir qui pouvait faire rebondir le caillou le plus de fois. Leur rire était une musique qui s'accordait parfaitement à l'environnement, une mélodie de pure joie et d'innocence.

Le vieux Julien, le gardien du pont, observait avec un œil vigilant. Il avait vu d'innombrables aubes et couchers de soleil depuis son poste de garde, et chaque jour, il découvrait un nouveau détail à admirer. Il connaissait chaque planche et chaque clou du pont, et chaque personne qui le traversait ajoutait un chapitre au livre de sa vie.

Les voix des lavandières et des enfants se mêlaient au bruissement du vent parmi les roseaux le long de la rive. C'était un chœur qui parlait de la vie quotidienne, de défis et de petites victoires, de tristesses et d'espoirs. C'était le son de l'humanité dans toutes ses nuances, un son que Paul cherchait à capturer avec ses pinceaux.

Quand le soleil commençait à se coucher, teintant le ciel de nuances orangées et roses, le pont semblait prendre vie propre. Sous la lumière déclinante, les histoires du jour se fondaient en un récit plus grand, une histoire que le pont conserverait jusqu'au lendemain matin.

Marie, regardant le coucher de soleil, berçait son bébé et rêvait d'un avenir meilleur pour lui. Madame Boucher pensait à ses enfants lointains, tandis qu'Antoinette imaginait les lumières brillantes de Paris. Julien, avec un sourire, fermait le portail du pont, et Paul, avec un dernier coup de pinceau, achevait son tableau.

La nuit enveloppait le pont et ses histoires dans une étreinte silencieuse. Les lavandières retournaient à leurs maisons, les enfants étaient appelés pour le dîner, et Paul contemplait sa peinture, sachant qu'il avait capturé un moment éternel, un fragment de vie qui durerait pour toujours.

Alors que la nuit tombait sur Arles, Paul imaginait son tableau accroché dans une galerie, témoin d'une beauté simple que beaucoup négligeaient. Il savait que le pont de Langlois, avec ses lavandières, ses enfants et son gardien, était plus qu'un sujet pour une peinture. C'était une ode à la vie, un hymne à la beauté quotidienne qui se cache dans les scènes les plus simples.

Avec la nuit qui s'installait, le pont de Langlois et son petit monde se reposaient, prêts à se réveiller avec l'aube, pour un autre jour d'histoires, de couleurs, de vie.

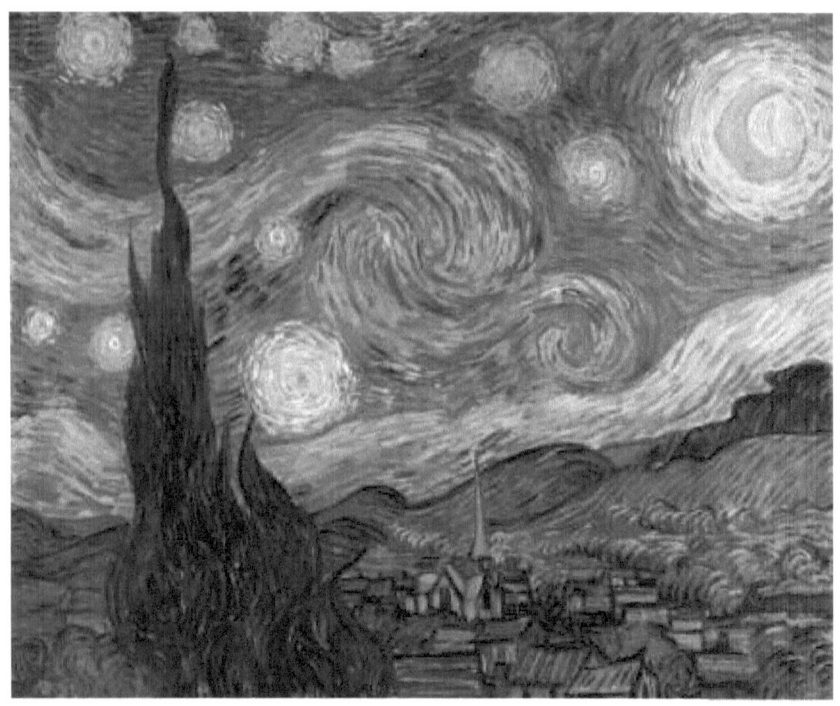

Sous le ciel nocturne de Saint-Rémy, les étoiles brillaient comme des diamants sur un manteau de velours. C'était une de ces nuits où l'air était immobile, et pourtant le ciel semblait danser, une mer de bleu profond, sillonnée par des vagues de lumière astrale. Au milieu de cet océan céleste, la lune était un navire doré, sa traînée un chemin de reflets d'argent.

Lucien, le vieux gardien du monastère, était le seul témoin de ce spectacle alors qu'il parcourait les sentiers du jardin. Ses pas étaient lents, chaque mouvement reflétait le rythme paisible de la nature qui l'entourait. Il regardait le ciel et soupirait, pensant aux nombreux secrets cachés parmi ces étoiles lointaines.

Pour Étienne, l'aube n'était pas seulement le lever du soleil; c'était un dialogue entre le jour et la nuit, la nature et l'homme, l'artiste et son intérieur. Chaque aube était une conversation dans laquelle il apprenait, grandissait et se retrouvait. Au fur et à mesure que la matinée avançait, le port s'animait d'une vie frénétique. Les sons du jour prenaient le dessus sur le murmure tranquille de l'aube, mais la paix qu'Étienne avait trouvée dans son cœur restait intacte, un sanctuaire intérieur que aucun bruit ne pouvait perturber.

Quand le soleil fut haut dans le ciel, Étienne rangea ses pinceaux. Son œuvre était complète, du moins pour ce jour-là. Il regarda le tableau, puis l'horizon, et ressentit un profond sentiment de gratitude. Il avait immortalisé une aube du Havre, mais en réalité, il avait fait plus : il avait capturé un fragment de son âme. Réfléchissant sur son travail, Étienne fit une promesse silencieuse : il continuerait à chercher la beauté dans chaque aube, à vivre chaque jour comme un chef-d'œuvre à peindre, à voir le monde à travers les yeux d'un artiste qui aimait profondément la vie dans toutes ses nuances.

Avec le cœur empli de paix et la toile pleine de magie, Étienne rassembla ses outils et se dirigea vers sa maison, prêt à répéter le rituel le lendemain, sous le prochain ciel auroral du Havre.

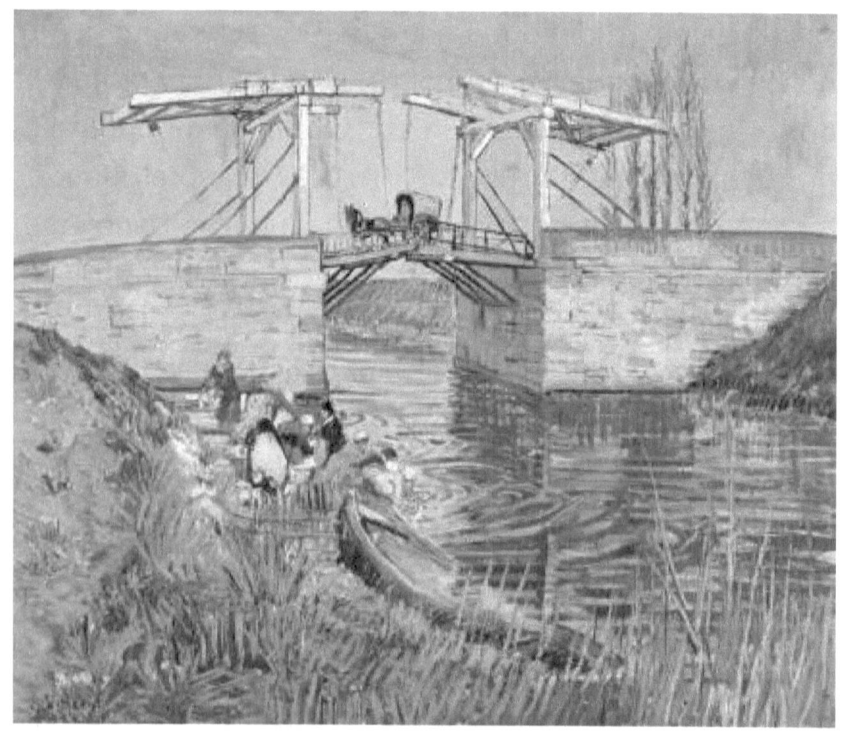

Dans les campagnes entourant la ville d'Arles, le pont
de Langlois se dressait comme une élégante liaison
entre deux rives d'un paisible canal. C'était un jour de
vent, et le ciel bleu était strié de nuages en mouvement
rapide. Les couleurs étaient vives, le bleu de l'eau
vibrait sous la caresse du soleil, et le jaune et le bleu
de la structure en bois du pont semblaient presque
danser au rythme de la brise.

Le pont de Langlois n'était pas seulement un passage,
c'était un point de rencontre, un lieu où les histoires de
passants, de lavandières et de voyageurs
s'entrelaçaient. Chaque jour, ses planches en bois

Cette nuit-là, alors que Lucien terminait sa ronde et rentrait dans sa petite chambre, il pensait à Vincent et à sa lutte pour capturer la beauté. Il savait que l'art de l'homme survivrait à eux deux, que ses toiles parleraient aux générations futures, que son rêve d'une nuit deviendrait un trésor pour l'humanité.

Avec ces pensées, Lucien s'endormit, rêvant d'un ciel plein de couleurs, d'étoiles dansantes, de cyprès pleurant la lumière, et de champs chuchotant des histoires au vent.

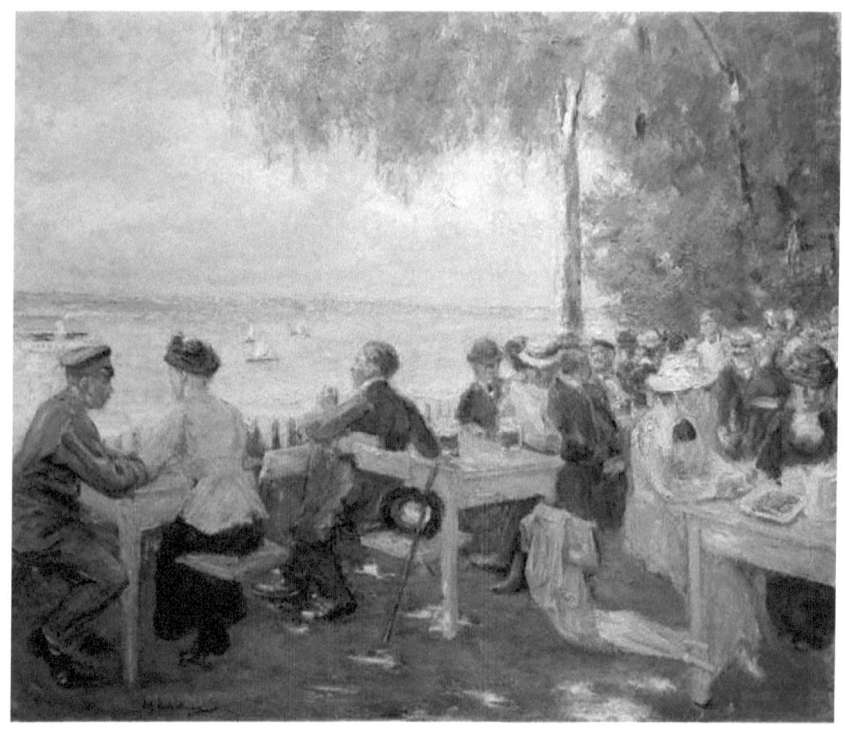

Près des rives sereines de l'Havel, le jardin de Nikolskoe était un havre de paix pour les citoyens de Berlin en quête d'un moment de tranquillité loin du tumulte de la ville. Des arbres majestueux offraient une ombre réparatrice, tandis que les eaux tranquilles reflétaient le bleu du ciel.

Le jardin était plein de tables où amis et familles s'asseyaient pour déguster une tasse de thé ou une limonade fraîche. Parmi eux se trouvait la table du colonel Hoffmann, un vétéran à l'œil vif et à la présence imposante, qui se délectait de discussions animées sur les temps passés avec ses anciens compagnons de bataille.

Les rires et les voix s'élevaient dans l'air comme des bulles effervescentes, tandis que les souvenirs étaient échangés et les histoires racontées. Les rires du groupe de Hoffmann étaient contagieux et attiraient souvent des regards curieux des autres tables.

Dans un coin plus isolé, deux jeunes amoureux, Clara et Friedrich, buvaient leur café en silence, parlant à peine, mais communiquant profondément à chaque regard et à chaque toucher. Leur jeunesse était rayonnante, un amour qui commençait tout juste à éclore, tendre et fort à la fois.

Un peu plus loin, un groupe de dames de la haute société, avec leurs chapeaux à la mode et leurs robes raffinées, discutaient des dernières tendances et des potins, leur gazouillis joyeux contrastant nettement avec le ton plus grave et sérieux des vétérans.

Un poète solitaire, M. Schneider, était assis seul à une table, son carnet ouvert devant lui. Les personnes autour de lui étaient ses muses ; il saisissait des fragments de conversations, des gestes, des expressions, et les transformait en vers, racontant la vie qui l'entourait.

La lumière du soleil dansait sur l'Havel, créant des reflets scintillants qui captivaient l'œil et l'âme. Les enfants jouaient le long de la rive, se poursuivant et s'éclaboussant, leurs rires étant un hymne à la joie simple et pure de l'enfance.

Parmi les visiteurs, il y avait aussi une jeune artiste, Anna, qui avec sa palette et ses pinceaux tentait de capturer l'essence de l'après-midi. Chaque personne, chaque vague, chaque rayon de soleil étaient des couleurs qui s'ajoutaient à sa toile, un rêve qui prenait forme sous ses mains.

Le temps au jardin semblait couler plus lentement, offrant à chacun le don de moments précieux. C'était un lieu où les pensées pouvaient vagabonder librement, où le cœur pouvait s'ouvrir à la beauté et à la paix.

À l'approche du coucher du soleil, le ciel se teignait de couleurs chaudes, du rouge au violet au bleu foncé. Les gens commençaient à rassembler leurs affaires, à se dire au revoir, à promettre de revenir. Le jardin de Nikolskoe avait été témoin d'une autre journée de vie, de connexions humaines, d'histoires entrelacées.

Alors que les lumières du jardin commençaient à s'allumer, éclairant le chemin pour les visiteurs retournant chez eux, M. Schneider fermait son carnet, satisfait du travail accompli. Il avait capturé un fragment d'éternité dans ces pages, un souvenir d'un après-midi parfait sur les rives de l'Havel.

Chaque personne qui avait visité le jardin de Nikolskoe emportait avec elle un morceau de cet après-midi, un souvenir qui réchaufferait les jours à venir, un rappel que la beauté et la poésie pouvaient être trouvées dans un simple après-midi au jardin.

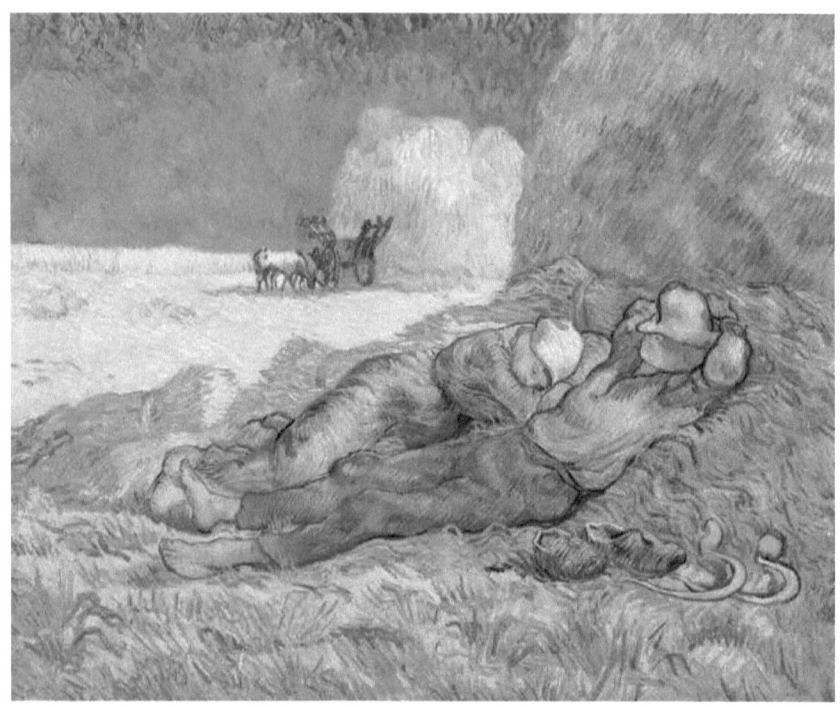

Au cœur de la campagne, où les champs de blé
s'étendaient jusqu'à l'horizon, le temps semblait
s'écouler au rythme de la nature. Le soleil de midi
brillait haut dans le ciel, versant sa chaleur dorée sur
la terre. C'était une heure de pause, un moment
suspendu où le monde des travailleurs des champs
s'arrêtait pour reprendre son souffle.

Jacques et Pierre, deux frères qui travaillaient la terre
depuis qu'ils étaient garçons, gisaient à l'ombre d'un
grand chêne. Leurs corps fatigués étaient étendus sur
l'herbe sèche, leurs chapeaux baissés sur les yeux pour
se protéger de la lumière intense. La fatigue matinale

avait laissé des traces de terre et de sueur sur leurs mains calleuses et sur leurs visages bronzés.

Le silence était un invité rare dans les champs, mais dans ces moments de repos, il s'étendait comme un drap frais. On n'entendait que le léger bruissement du blé agité par la brise et la respiration lente et profonde des deux frères, une chanson de calme et de contentement.

Tandis que le monde autour d'eux s'accordait une pause, les pensées de Jacques vagabondaient loin. Il rêvait de voyages dans des terres exotiques, de mers sans fin et de montagnes qui défiaient les nuages. Pierre, plus pragmatique, réfléchissait à la récolte, aux cycles des saisons, à la simplicité de la vie qui coulait comme l'eau d'une rivière.

La terre sous eux était un journal de souvenirs, chaque grain une histoire, chaque fissure un récit. Les deux frères faisaient partie de cette histoire, héritiers d'une tradition de cultivateurs, gardiens d'un savoir aussi ancien que le blé qui poussait autour d'eux.

Au loin, leur vieux cheval, Alphonse, attaché à une charrette pleine de foin, mâchait tranquillement, indifférent au passage du temps. C'était un compagnon fidèle, une présence rassurante dans les champs, une force de la nature qui avait partagé avec eux de nombreux couchers de soleil et aubes.

La vie dans les champs était un flux continu, un éternel retour, une danse avec la terre qui donnait et prenait. Jacques et Pierre savaient que chaque graine plantée était une promesse, chaque récolte un cadeau, chaque jour un chapitre ajouté au grand livre de leur existence. Le repos était une sagesse qu'ils avaient apprise de la terre. Comme les champs qu'on laisse se reposer pour revenir plus fertiles, les deux frères savaient que chaque moment de pause était essentiel pour renouveler les forces, pour continuer à vivre en harmonie avec le rythme de la nature.

Lorsque le soleil commença lentement à descendre dans le ciel, marquant le temps de retourner au travail, Jacques et Pierre se levèrent. Ils s'étirèrent, se mirent les chapeaux sur la tête et regardèrent le champ qui les attendait, la mer de blé qui devait encore être moissonnée. Avec un dernier regard au ciel et un salut silencieux au chêne qui les avait abrités, les frères reprirent leurs outils. Leur travail était leur vie, et chaque épi de blé récolté était un hommage à la terre qui les nourrissait.

Alors que le soleil baissait et que les ombres s'allongeaient, le cycle de la vie dans les champs continuait. Jacques et Pierre n'étaient que deux figures dans un tableau plus grand, deux âmes dans un univers de simplicité et de beauté, deux travailleurs sous le ciel infini.

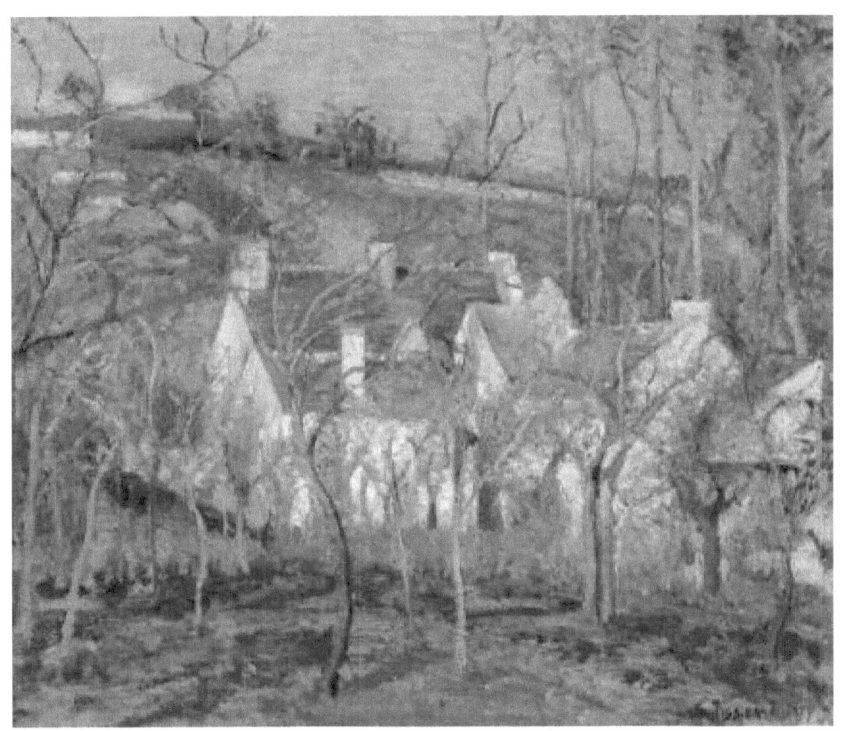

Le paysage s'étendait paisible sous un ciel changeant de nuages et de lumières. Les collines doucement ondulées étaient parsemées de toits rouges émergeant parmi les couleurs automnales des arbres dénudés. C'était un tableau de simplicité rurale, un portrait de la vie qui coule lentement loin du chaos des villes modernes.

Dans un petit village niché entre les collines, les maisons aux toits rouges étaient un signe distinctif, un symbole d'appartenance à cette terre. Chaque brique, chaque tuile, racontait l'histoire des générations qui avaient trouvé dans cet endroit un coin du monde à appeler chez eux.

Les arbres dénudés, dont les branches se dessinaient contre le ciel comme des veines d'encre sur du parchemin, gardaient les souvenirs du passage des saisons. Ils étaient les témoins silencieux des jeux d'enfants, des promesses murmurées, des adieux douloureux et des retours joyeux.

La vie dans le village suivait le rythme de la nature : le travail dans les champs, les fêtes de la récolte, les après-midis passés devant la cheminée. Les gens se connaissaient tous par leur nom, et chaque naissance ou mariage était un événement qui appartenait à tous.

Avec l'arrivée de l'automne, le paysage se transformait en une palette de couleurs chaudes : les rouges, les oranges et les jaunes des bois se mélangeaient aux tons plus froids du ciel et des eaux de la rivière qui serpentait près du village.

Le vent jouait parmi les branches, apportant avec lui l'odeur de la terre humide et des feuilles mortes. C'était une danse annonçant le changement des saisons, un prélude à l'hiver qui bientôt recouvrirait de blanc ces toits rouges et ces arbres nus.

Au sommet d'une colline, un peintre, Monsieur Dubois, se tenait devant sa toile, cherchant à capturer l'essence du village. Chaque coup de pinceau était une réflexion, une tentative de retenir le temps dans un fragment de beauté.

Monsieur Dubois savait que le paysage était tissé de fils invisibles, des liens de communauté et d'histoire qui unissaient les gens et la terre. Il cherchait à rendre ces fils visibles dans son art, à donner forme au réseau de relations qui définissait le village.

Les toits rouges étaient comme des chapitres d'un livre ouvert. Chaque maison avait son histoire, ses joies et ses peines, ses secrets gardés derrière les volets fermés. Le peintre voulait raconter ces histoires, rendre hommage à la vie simple et profonde qui se déroulait sous ces toits.

Avec le coucher du soleil, les toits rouges s'embrasaient d'un feu tranquille, illuminés par les dernières lumières du jour. Le village semblait suspendre son souffle, attendant le coucher du soleil qui clôturait un autre chapitre quotidien.

Quand la nuit enveloppait le village, et que les lumières s'allumaient dans les maisons, chaque habitant se retirait dans son propre monde. La nuit était un temps de rêves, d'espoirs pour le lendemain, de désirs qui s'élevaient vers le ciel comme des prières murmurées.

Et chaque aube naissante était une promesse, un nouveau début. La lumière qui se répandait sur les toits rouges était un signe de continuité, un message que, malgré les changements, la vie dans le village continuerait à suivre son cours, tissant de nouvelles histoires, de nouveaux souvenirs.

À travers les toits rouges et les branches nues, cette histoire cherche à exprimer la connexion entre la vie du village et le cycle de la nature, et à explorer la profondeur et la beauté des histoires quotidiennes qui se déroulent dans le tissu d'une communauté.

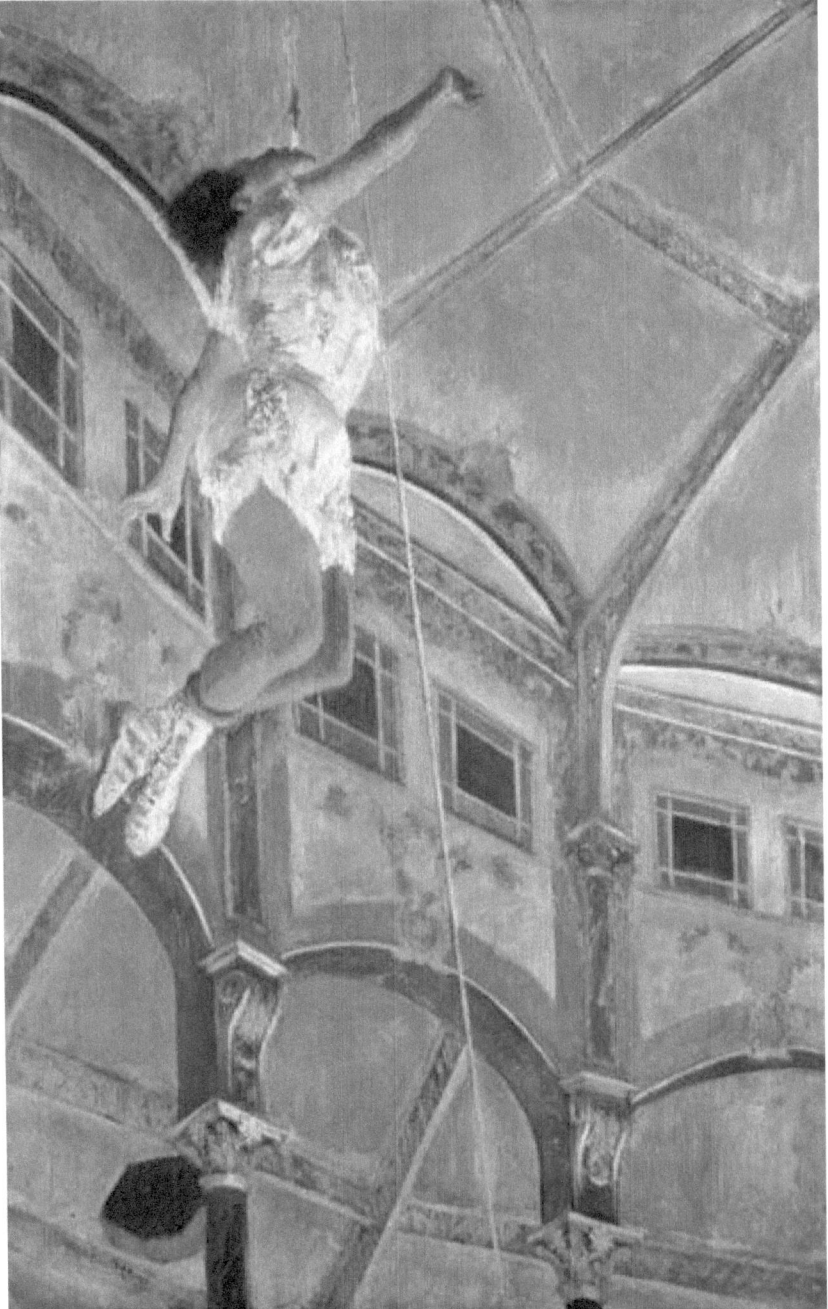

Dans un cirque de fin de siècle, sous la voûte d'un chapiteau capturant les rêves et les applaudissements, se produisait Miss La La, la reine des airs, une funambule dont l'adresse et la grâce défiaient la gravité elle-même. Avec la force d'un lion et la légèreté d'un papillon, elle flottait au-dessus de la foule silencieuse, retenue seulement par une corde qui semblait aussi fragile qu'indestructible.

Le Cirque Fernando était plus qu'un cirque, c'était un royaume de merveilles où l'ordinaire devenait extraordinaire. Les spectateurs, assis sur leurs sièges, regardaient avec des yeux écarquillés, retenant leur souffle tandis que les trapézistes virevoltaient et les clowns apportaient de la joie.

"Miss La La" n'était pas seulement une artiste, elle était un symbole de force et de beauté, un phare d'espoir pour quiconque avait osé rêver. Son ascension commençait par un pas calme, mesuré, tandis que les muscles de ses bras se tendaient, prêts pour l'exploit.

Avec chaque mouvement, elle dansait avec le danger, flirtait avec l'impensable. Sa silhouette, suspendue sous le dôme du cirque, tournait avec élégance, ses cheveux flottants captant la lumière des projecteurs comme des fils de soie au soleil.

Les spectateurs ne voyaient pas seulement une acrobate ; ils voyaient l'incarnation de la liberté. Les enfants rêvaient de voler comme elle, les adultes s'émerveillaient de son audace, et les anciens revoyaient, dans ses mouvements, la jeunesse qu'ils avaient eue.

Chaque performance de Miss La La était un calcul du risque, une chorégraphie soigneusement étudiée où chaque saut, chaque tour était un accord dans un concert de haute tension. C'était l'art du risque, où le succès était mesuré non seulement en applaudissements, mais en battements de cœur.

Le cirque chantait un hymne aux impossibles possibles, et Miss La La en était la soliste. C'était un hymne qui parlait de courage, de résilience, de trouver la beauté au cœur du danger et de danser avec lui jusqu'à en faire un ami.

Les murs du cirque, peints d'un orange chaud et accueillant, reflétaient les couleurs du spectacle. C'était comme s'ils avaient été peints avec la palette de Miss La La elle-même, chacun un reflet de son esprit ardent.

Alors qu'elle exécutait sa figure finale, le chapiteau plongeait dans un silence chargé de tension. C'était un moment suspendu, un instant où tout était possible, avant que le fracas des applaudissements n'éclate comme un tonnerre après l'orage.

Lorsque les pieds de Miss La La touchaient à nouveau le sol, le public se levait, une mer de mains s'unissant en une vague d'admiration. Elle était revenue dans le monde de la gravité et de la réalité, mais avait laissé une part d'elle-même là-haut, parmi les étoiles du chapiteau.

Avec la tombée du rideau, la magie du cirque se repliait sur elle-même. Miss La La, épuisée mais euphorique, rangeait son trapèze et rejoignait ses compagnons. Elle faisait partie d'une famille qui offrait des rêves chaque soir, qui défiait l'impossible chaque soir.

Hors du chapiteau, la vie de Miss La La était tout aussi vibrante. Elle marchait parmi les gens comme l'une d'entre eux, mais portait en elle la conscience de celui qui a vu le monde d'une hauteur que peu peuvent imaginer.

Et ainsi, tandis que la nuit enveloppait le Cirque Fernando et que les lumières s'éteignaient une à une, la promesse du vol élevé demeurait. Car chaque soir, sous le chapiteau, Miss La La et les autres artistes recréaient un monde où voler n'était pas seulement possible, mais était la plus belle des réalités.

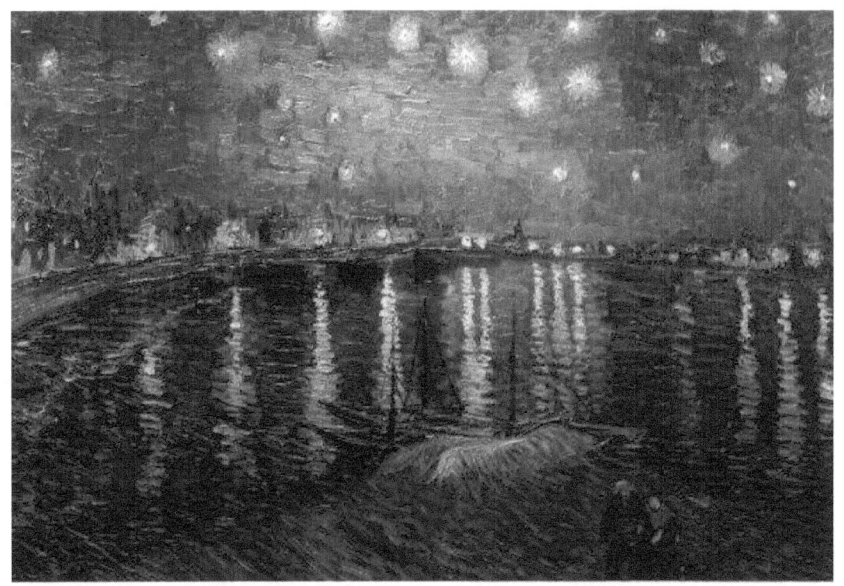

Sur les rives du Rhône, sous un ciel piqué d'étoiles, deux amoureux, Élise et Julien, marchaient main dans la main. La nuit avait étendu son manteau sur Arles, et le fleuve reflétait les lumières de la ville comme des joyaux de feu suspendus dans l'eau sombre.

Élise aimait cette partie de la rive, où la lumière des étoiles semblait danser sur les vagues. Pour elle, le ciel nocturne était une scène où se jouait chaque soir le spectacle le plus romantique et silencieux jamais conçu par la nature.

Julien, plus taciturne et pensif, trouvait dans le Rhône un confident silencieux. Ce soir-là, alors que le ciel explosait en mille nuances de bleu et que les étoiles appelaient leurs noms, il se sentit prêt à partager le secret de son cœur.

Assis sur un vieux banc en bois, Julien prit les mains d'Élise entre les siennes. "Regarde le ciel, Élise," murmura-t-il, "chaque étoile est un témoin de mon amour pour toi. Elles sont infinies, comme ce que je ressens."

Élise, dont les joues se teintèrent de la couleur du soir, regarda dans les yeux de Julien. Elle y vit le reflet du ciel, un univers de promesses et d'espoirs. "Mon amour pour toi," répondit-elle, "est comme le fleuve : profond, fort et éternel."

Au loin, une barque solitaire traversait l'eau, comme si elle suivait le chemin de lumière créé par les étoiles reflétées. C'était comme si le destin lui-même dansait sur le Rhône, célébrant leur union.

Ils parlèrent de leurs rêves, de leurs désirs, d'un avenir ensemble. Ils imaginaient une maison avec une fenêtre ouverte sur cette scène, où chaque nuit ils pourraient témoigner de l'immense beauté du cosmos.

Julien sortit d'une petite boîte une bague, la lumière des étoiles se reflétant sur son métal simple mais éclatant. "Avec cette bague, je te promets chaque étoile, chaque souhait, chaque nuit à tes côtés."

Avec des larmes de joie qui brillaient comme des étoiles filantes sur ses joues, Élise dit "oui", un mot simple qui résonna au-delà des rives du Rhône, un écho d'amour qui durerait pour toujours.

Alors que la nuit avançait, le ciel s'assombrissait, les étoiles brillaient davantage, et le Rhône semblait un tableau peint avec les couleurs de l'amour. Élise et Julien y restèrent, encadrés par la nuit, une image vivante de l'amour sous la "Nuit étoilée".

Le baiser qu'ils échangèrent fut le sceau de leur amour, une promesse faite sous le ciel infini, témoignée par les eaux éternelles du Rhône. Ils étaient deux âmes unies, deux cœurs dans une danse que même le temps ne pourrait interrompre.

Le Rhône murmurait doucement, une mélodie qui accompagnait leur amour. C'était la chanson de la nature, un hymne célébrant l'union de deux êtres dans le grand cours de la vie.

Quand ils se levèrent pour rentrer chez eux, Julien et Élise savaient que cette nuit ne finirait jamais vraiment. Elle était gravée dans leurs cœurs, écrite parmi les étoiles, un moment suspendu dans le temps qu'ils emporteraient avec eux.

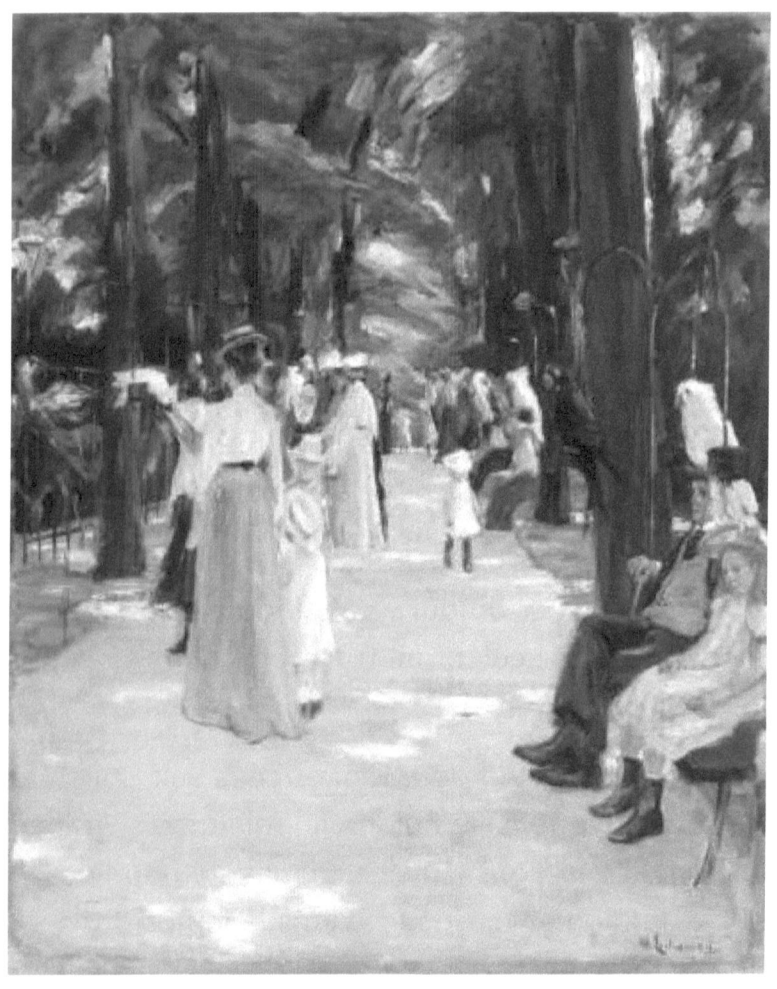

Dans une Paris vibrante de vie, l'Allée des Papegaios dans le Jardin des Plantes était un couloir de couleurs et de voix. Des gens de toutes les couches sociales s'y pressaient pour une promenade de l'après-midi, attirés par le chant exotique des perroquets et par l'ombre rafraîchissante des grands arbres.

Marcelle et Henri, un jeune couple amoureux, se promenaient main dans la main le long de l'Allée. Elle, dans une robe d'été qui caressait ses pas, et lui, élégant dans son costume dominical, ressemblaient à un tableau de bonheur.

Les perroquets, perchés sur leurs perchoirs, étaient les artistes de cette partie du jardin, peignant l'air avec leurs notes vibrantes et leurs plumes de toutes les nuances. Marcelle riait chaque fois que l'un d'eux répétait les paroles des spectateurs, un jeu qui ne semblait jamais la lasser.

L'avenue était un tableau vivant, les familles aisées et les nounous avec les enfants en habits du dimanche, les artistes en quête d'inspiration et les vétérans de guerre partageant des souvenirs sur des bancs en fer forgé. C'était une scène pittoresque, un tissu social brodé dans l'air de l'après-midi parisien.

Pour Marcelle et Henri, l'Allée des Papegaios était leur lieu magique. Chaque visite était une réaffirmation de leur amour, chaque pas ensemble une couleur ajoutée à la toile de leur vie commune.

L'ombre verte des arbres était leur refuge, un lieu où les promesses pouvaient être échangées avec la certitude qu'elles seraient tenues. Henri avait choisi l'ombre d'un grand platane pour murmurer à Marcelle la promesse d'un avenir ensemble.

Le temps semblait voler pendant leur promenade, le soleil descendant lentement vers l'horizon, teignant l'Allée d'un or doux. La journée touchait à sa fin, mais leur moment était éternel.

Chaque personne qui passait avait une histoire, et Marcelle aimait imaginer leurs vies. Un vieil homme en uniforme, une jeune femme lisant une lettre avec un sourire, des enfants courant librement : ils étaient des portraits de passage dans une galerie de moments.

L'Allée, avec sa beauté immuable, était un témoin silencieux d'innombrables histoires comme celle de Marcelle et Henri. C'était une scène qui se répétait jour après jour, année après année, et pourtant toujours nouvelle.

Quand vint le moment de quitter l'Allée, Henri serra plus fort la main de Marcelle. "Chaque fois que je viendrai ici," dit-il, "même quand tu seras loin, je sentirai ton sourire dans chaque chant des perroquets."

Le coucher du soleil enveloppait l'Allée d'une lumière tamisée, et le couple s'arrêta une dernière fois pour regarder en arrière. L'image de l'avenue se perdant dans la pénombre était un tableau qu'ils emporteraient avec eux, un souvenir parfait d'un après-midi de joie.

Avec la promesse de revenir, Marcelle et Henri quittèrent l'Allée, mais leur amour resta, incrusté dans le cœur de Paris, dans la mélodie des perroquets.

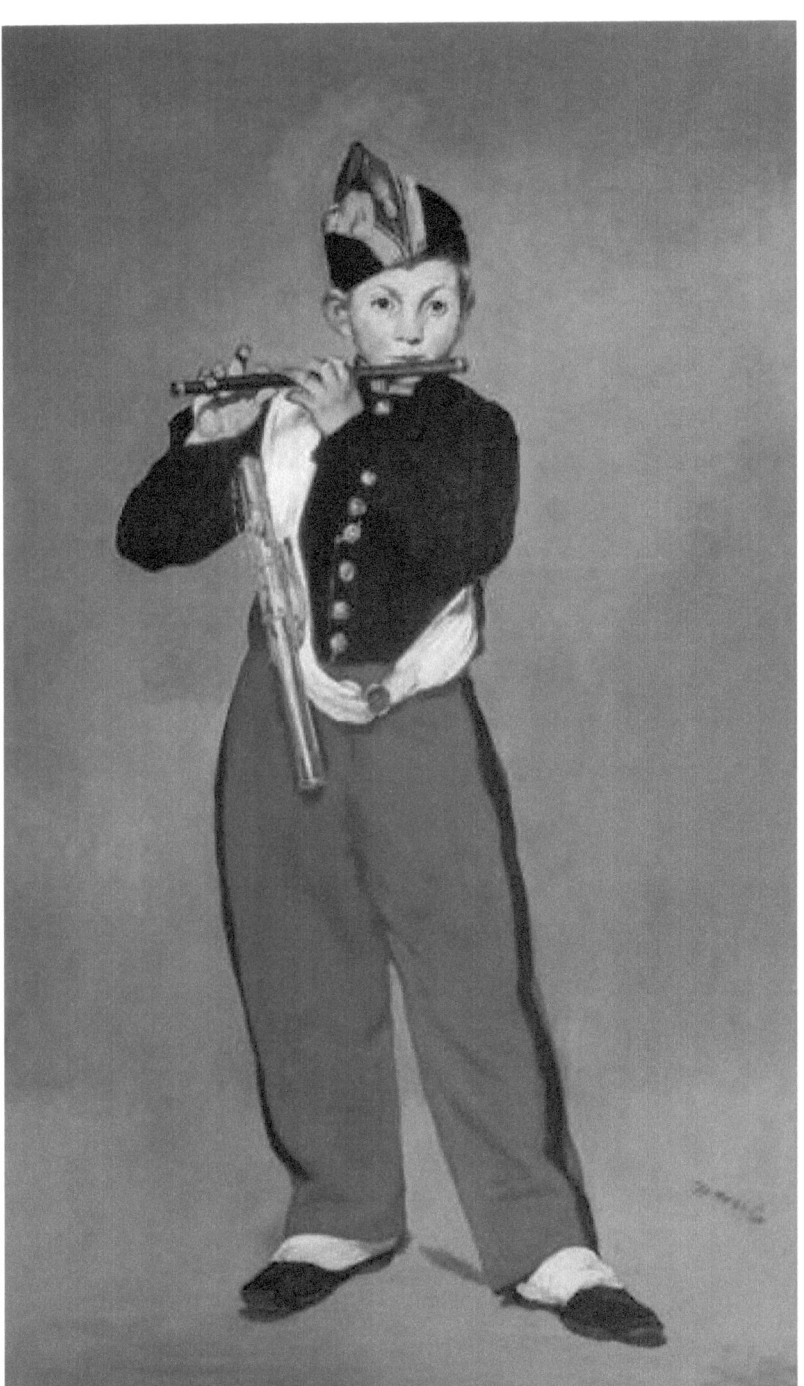

Au cœur d'une petite ville frontalière, où les rues s'entrelacent comme les fils d'une toile historique, un jeune garçon nommé Émile se produisait chaque jour sur la place principale. Vêtu d'un uniforme qui semblait appartenir à une autre époque, il était connu de tous sous le nom de "le Joueur de Flûte".

Avec un sifflement et un trille, Émile rassemblait autour de lui un petit public. Le son de sa flûte était clair et mélodieux, un appel qui réveillait la mémoire de temps anciens et apportait de la joie dans le cœur des passants.

L'uniforme qu'il portait avait appartenu à son grand-père, un vétéran de guerre qui avait raconté des histoires de courage et d'aventure. Émile en était fier, et chaque bouton poli, chaque ruban était un hommage à l'histoire de sa famille.

Bien que encore jeune, Émile rêvait de rejoindre un jour la grande orchestre de la ville. Jouer de la flûte sur la place était la première étape d'un voyage qu'il espérait l'emmènerait sur de plus grandes scènes et à des mélodies plus complexes.

Chaque jour, après l'école, Émile s'exerçait avec dévouement. Les notes qu'il apprenait n'étaient pas seulement de la musique, mais des leçons de vie : la discipline, la patience, la valeur de la pratique constante.

Sa musique donnait à la ville une raison de sourire. Les commerçants le saluaient de leur seuil, les mères s'arrêtaient pour l'écouter pendant que leurs enfants dansaient, et même les personnes âgées semblaient oublier leurs maux au son de sa flûte.

Certains disaient que la flûte d'Émile avait des pouvoirs magiques. Qu'elle pouvait faire fleurir les fleurs plus rapidement ou apporter la pluie après une longue sécheresse. Émile riait de ces histoires, mais dans son cœur, il espérait que sa musique avait vraiment une touche spéciale.

Le soir, sous le ciel étoilé, son père lui apprenait de nouvelles mélodies. Il lui disait que chaque étoile pouvait être une note, et qu'ensemble elles pouvaient composer une symphonie qui racontait l'histoire de l'univers.

À mesure que le crépuscule approchait, Émile terminait son spectacle quotidien par un "concert du crépuscule". C'était un moment où la place devenait silencieuse, et la musique de la flûte s'élevait, une douce berceuse pour la ville qui s'endormait.

Quand la nuit tombait, Émile rangeait sa flûte dans son étui et rentrait chez lui. Dans l'obscurité de sa chambre, il repensait à la journée écoulée et rêvait au lendemain, un lendemain où il continuerait à jouer, à apprendre et à grandir.

Émile ne savait pas ce que l'avenir lui réservait, mais chaque note qu'il jouait était une promesse, un pas en avant vers ses rêves. Et dans sa petite ville, il était déjà une étoile : le Joueur de Flûte qui, avec sa musique, avait appris à raconter des histoires sans mots.

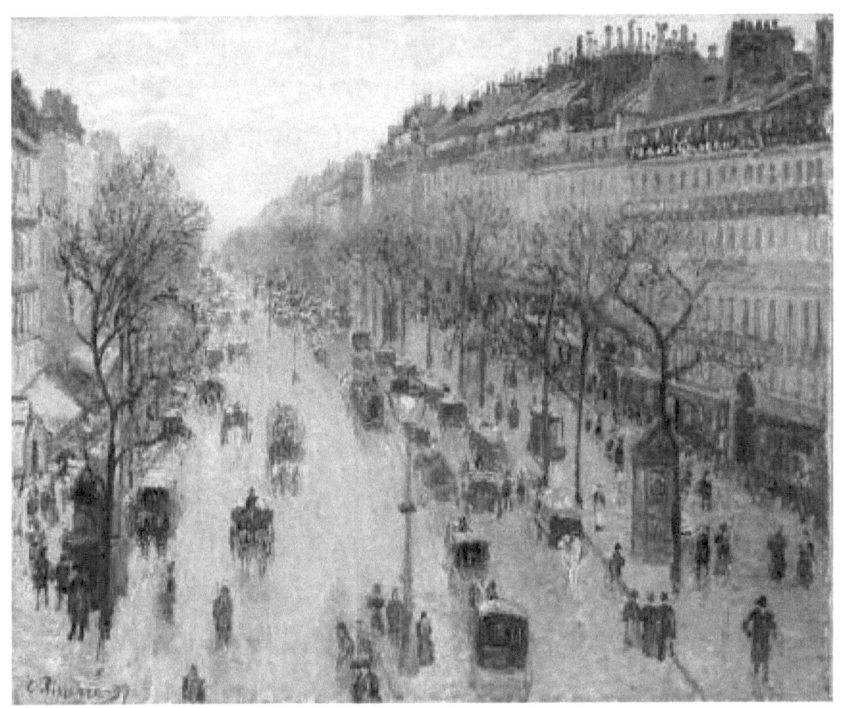

Sur le Boulevard Montmartre animé, l'agitation parisienne se transformait en un ballet continu de calèches, de piétons et de marchands ambulants. Le bruit des roues sur les pavés, les voix des passants et le sifflement des premiers tramways électriques se fondaient en une symphonie urbaine.

C'était un matin d'hiver froid et les premiers rayons du soleil luttaient pour percer à travers les nuages. Les branches nues des arbres le long du boulevard s'agitaient légèrement sous le vent, et chaque souffle visible dans l'air froid se joignait à la vapeur des cafés ouvrant sur le trottoir.

Au milieu de cette scène animée, deux figures se distinguaient de la foule : Julien, un jeune poète au pas rêveur, et Camille, une peintre dont la passion pour les couleurs n'était surpassée que par son amour pour la ville.

Chaque matin, ils se rencontraient sur ce boulevard, échangeant des mots et des sourires avant de commencer leurs journées respectives. C'était leur moment volé, une oasis de calme dans le tourbillon de la ville qui s'éveillait. Julien écrivait des vers inspirés par le boulevard hivernal, la danse des passants et le rythme des calèches, tandis que Camille capturait sur sa toile les contrastes de lumière et d'ombre, les nuances de gris des pavés mouillés et le jaune pâle des feuilles mortes. Avec un regard promettant des retours, ils se disaient ensuite au revoir, lui vers le fleuve d'encre et de papier de son bureau, elle vers la toile blanche attendant sa touche. Le Boulevard était témoin de leur amour, si naturel et en harmonie avec le rythme de la ville.

Camille voyait Paris comme une muse, un sujet éternel qui ne cessait jamais de fournir de l'inspiration. Ses rues étaient des veines palpitantes de vie, et le Boulevard Montmartre était le cœur qui pompait de l'énergie dans l'âme artistique de Paris.

Pour Julien, chaque coin du Boulevard était un vers en attente d'être écrit. Les conversations saisies au vol, les regards croisés, les pas pressés étaient tous des éléments d'un poème urbain qu'il tissait chaque jour.

Alors que la matinée avançait, les couleurs du boulevard s'intensifiaient ; le blanc des façades se teintait de rose, le ciel s'éclaircissait en un bleu tendre et les calèches semblaient briller d'une lumière propre sous le soleil qui finalement se frayait un chemin à travers les nuages. Le Boulevard Montmartre était plus qu'une rue, c'était une toile sur laquelle se peignaient les souvenirs d'une ville. Chaque bâtiment, chaque pierre, chaque arbre racontait des histoires de passé et de présent, d'artistes et d'amants, de révolutions et de renouvellements.

Le chaos apparent du boulevard était en réalité une harmonie parfaite, un équilibre entre l'ancien et le nouveau, entre l'agitation et le calme, entre le battement de cœur de Paris et le souffle de ses habitants. Julien et Camille, dans leurs rencontres matinales, s'étaient indissolublement liés à ce lieu. Le Boulevard était devenu une partie de leur histoire d'amour, un chemin pavé de poésie et d'art, de moments partagés et de promesses silencieuses.

Et ainsi, alors que le Boulevard Montmartre s'éveillait complètement et s'animait d'une énergie inépuisable, Julien et Camille emportaient avec eux la promesse d'un demain, d'une autre rencontre, d'un autre jour vécu dans l'étreinte de leur ville bien-aimée.

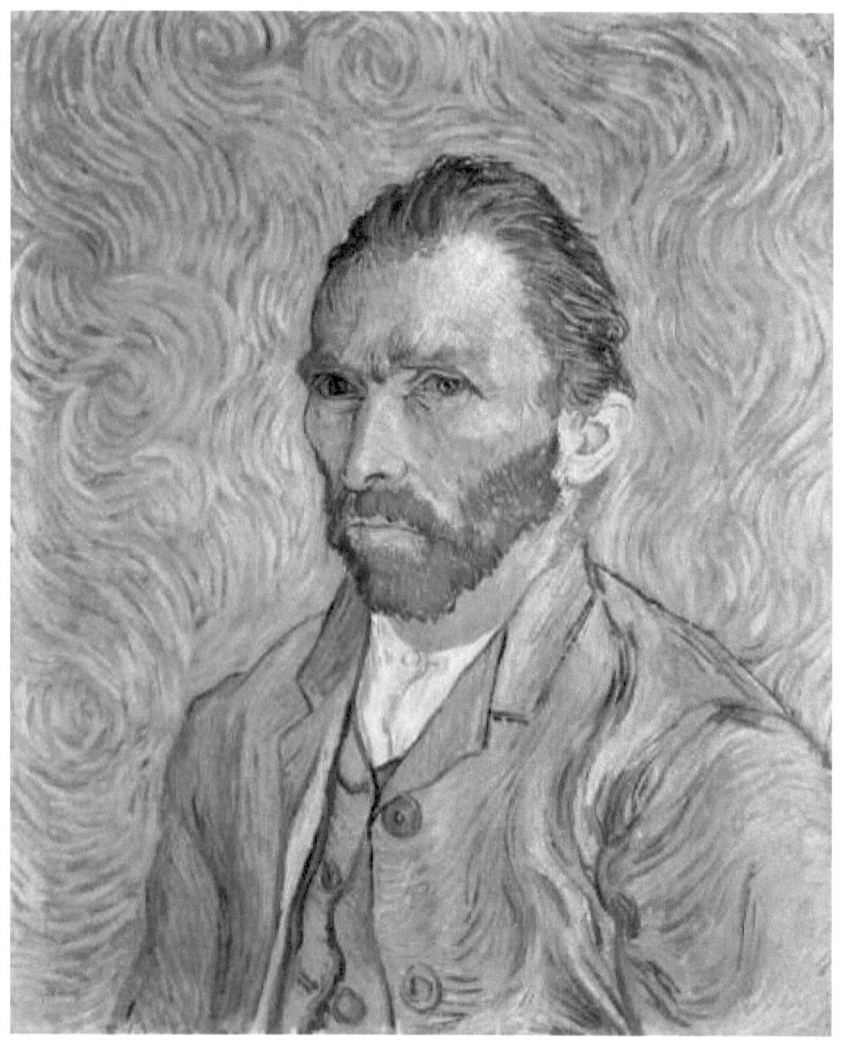

Dans la trame vibrante de Montmartre, parmi les cafés embaumant l'absinthe et les boutiques aux couleurs vives, vivait un peintre dont la vie était aussi tumultueuse que ses toiles. Son nom était Tristan, et ses yeux racontaient des histoires de tempêtes intérieures et de ciels étoilés de passion.

Tristan était un homme au talent extraordinaire, dont les œuvres étaient des tourbillons de couleur capturant l'essence même de l'émotion humaine. Pourtant, derrière le génie, se cachaient des batailles sombres, des tempêtes psychiques qui le faisaient osciller entre la création fervente et l'abysse profond du désespoir.

L'art était son refuge, la toile un confident qui accueillait silencieusement ses secrets les plus intimes. Chaque coup de pinceau était un dialogue, un moyen d'exorciser ses démons intérieurs, de chercher un équilibre dans un monde qui lui semblait souvent trop étroit.

Malgré ses luttes, Tristan était un homme d'espoir inébranlable. Ses peintures n'étaient pas seulement des expressions de douleur, mais aussi des manifestations d'amour, de joie, et d'une recherche incessante de beauté au milieu du chaos.

Il avait un ami, un frère d'art nommé Antoine, qui s'asseyait souvent avec lui, discutant de philosophie et d'art jusqu'à tard dans la nuit. Antoine était son ancre, la voix qui le guidait à travers les brumes de son esprit.

En Tristan brûlait une flamme créative inextinguible. Même dans les moments les plus sombres, le désir de peindre ne l'abandonnait jamais. C'était un feu qui le réchauffait, qui le poussait à continuer, à transformer la douleur en beauté.

La solitude était sa compagne constante, une présence qui se faisait sentir dans les longs après-midis passés devant la toile. Mais Tristan trouvait du réconfort dans cette solitude, car c'était là qu'il pouvait entendre la voix la plus vraie de son âme.

Sa lutte avec les problèmes psychiatriques était un voyage à travers un paysage mental hérissé de difficultés. Il y avait des jours de claire lucidité et des jours où les ombres l'engloutissaient. Mais dans ces moments sombres, c'était la pensée de son art qui le tirait dehors.

Le crépuscule était son moment préféré pour peindre. Les couleurs changeantes du ciel étaient comme ses états d'âme, changeants et imprévisibles, mais toujours enchanteurs.

Tristan savait que peut-être sa vie ne serait ni longue ni facile, mais il avait aussi la conscience que son art laisserait une empreinte éternelle, un héritage d'émotion et de couleur qui parlerait aux générations futures.

Chaque nuit, avant de s'endormir, Tristan rêvait. Il rêvait d'un lendemain où son esprit serait en paix, où il pourrait peindre sans le poids des ombres, un demain où chaque homme reconnaîtrait le pouvoir salvateur de l'art.

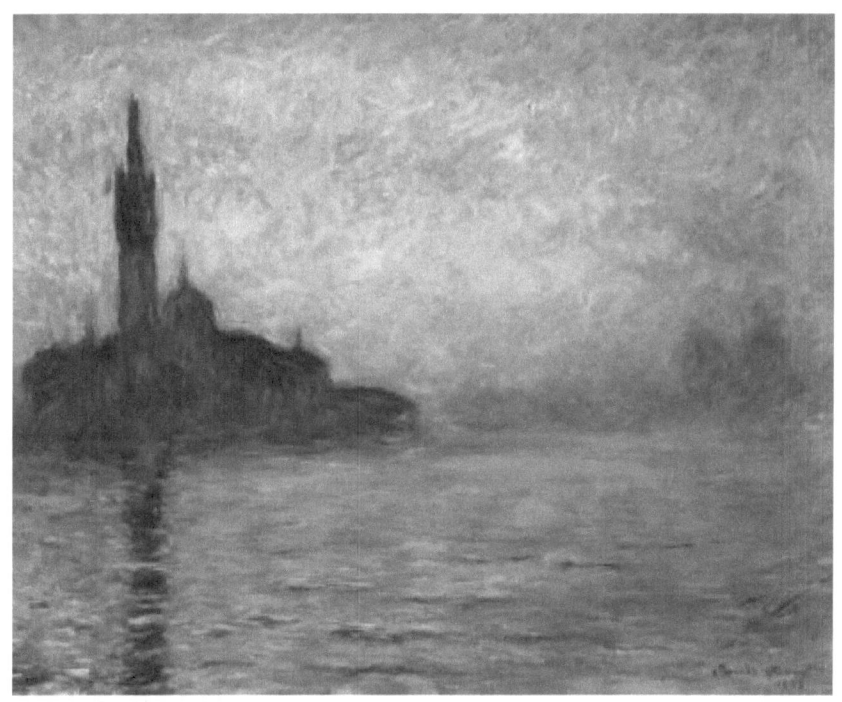

Dans une Venise baignée par la lumière dorée du coucher de soleil, où les eaux du canal s'embrasaient de reflets de feu, vivait un peintre dont l'âme était tissée de lumière et d'ombre. Lorenzo, c'était son nom, passait ses journées entre les soupirs des vagues et le chant des mouettes, cherchant à capturer la beauté indicible de la Sérénissime.

Alors que le soleil commençait sa descente, Lorenzo se trouvait sur la rive, avec sa toile qui reflétait le ciel enflammé. Ses mains dansaient avec les pinceaux, traçant les lignes de la ville qu'il aimait d'un fervor presque religieux.

Lorenzo voyait le monde en couleurs que d'autres ne

pouvaient percevoir. Pour lui, le coucher de soleil n'était pas seulement orange ou rose, mais une symphonie de teintes qui parlaient de la fin du jour, de l'adieu du soleil à Venise qui allumait lentement ses lumières du soir.

Le silence était son complice ; dans ces moments de tranquillité, il entendait la voix de sa muse. Il n'y avait pas de tourments dans ces heures, seulement la pure création, l'acte de révéler ce qui était caché au plus profond de son être.

Chaque coup de pinceau de Lorenzo était un reflet sur l'eau, une tentative de saisir l'éternel et l'éphémère. Les reflets des anciennes architectures sur les vagues étaient pour lui comme les émotions sur la toile de la vie, toujours changeantes, toujours fascinantes.

Alors que le ciel se teintait de nuances ardentes, Lorenzo sentait le pouls de Venise. La danse du crépuscule était un rite quotidien, un moment où le temps semblait suspendu et où tout était possible.

Le vent du soir apportait avec lui des chuchotements d'histoires anciennes, d'amours et de tragédies qui s'étaient consommées entre ces ruelles et palais. Lorenzo était un auditeur attentif, un narrateur qui utilisait la palette à la place des mots.

Chaque soir, après avoir rangé ses outils, Lorenzo se promenait dans les rues de Venise, rêvant. Il rêvait de montrer au monde la beauté qu'il voyait, de partager la lumière qui brillait dans ses yeux.

Le coucher de soleil était une promesse pour Lorenzo, la promesse que malgré tout, la beauté persistait. C'était un pacte silencieux entre lui et la ville, entre lui et le ciel, entre lui et la mer.

Quand les dernières lumières du jour s'éteignaient et que la nuit enveloppait Venise, l'écho du jour restait dans les toiles de Lorenzo. Chaque œuvre était un souvenir, une trace lumineuse d'un moment qui ne reviendrait jamais.

Et avec l'arrivée de la nuit, Lorenzo se retirait dans son atelier, où les couleurs du coucher de soleil vivaient désormais sur ses peintures. La nuit était son nouveau commencement, le moment où, après avoir salué le jour, il rencontrait lui-même, son art et ses rêves.

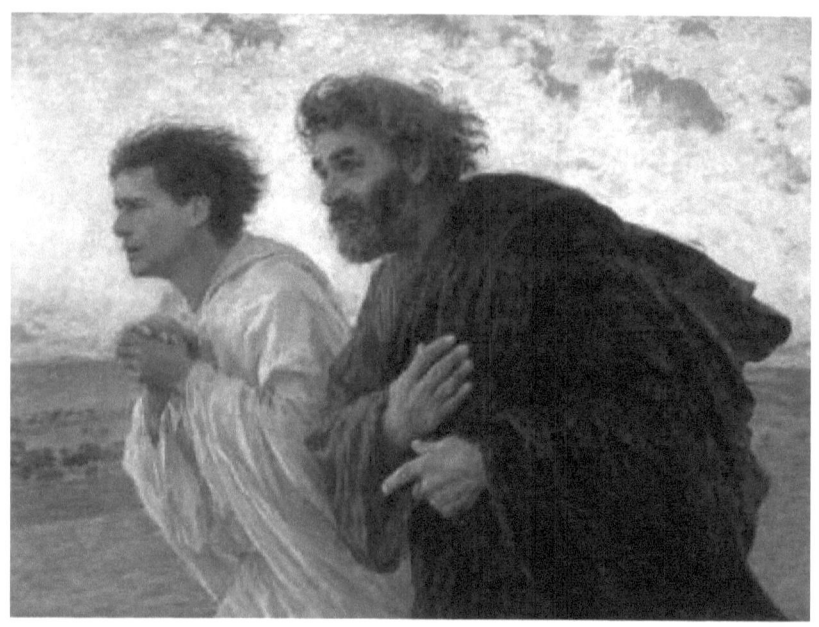

À une époque de mythes et de mystères, deux hommes, Jean et Pierre, marchaient ensemble à l'aube vers une destination qui changerait le cours de leur vie. La lumière du matin peignait le ciel de couleurs intenses, une tapisserie d'or et de feu qui semblait annoncer un nouveau commencement.

L'aube était plus qu'un simple lever de soleil pour Jean et Pierre ; c'était un symbole de renaissance, une promesse de lumière après la plus noire des nuits. Leurs ombres s'allongeaient sur le sol aride alors qu'ils s'approchaient du lieu qu'ils avaient visité avec des cœurs lourds seulement trois jours auparavant. Le chemin qu'ils parcouraient était un sentier de foi, bordé de collines dénudées et d'un ciel qui devenait de plus en plus clair. Le silence du matin n'était rompu que par le son de leurs pas décidés et la brise qui chuchotait dans les herbes sèches.

À mesure que le soleil se levait, une promesse faite il y a longtemps semblait se rapprocher de son accomplissement. La lumière chaude infusait de l'espoir dans leurs cœurs, tandis que le souvenir des paroles prononcées et des prophéties partagées réchauffait leurs âmes.

Le ciel semblait une peinture divine, ses couleurs un signe que quelque chose d'extraordinaire était sur le point de se produire. Pierre, avec sa barbe fournie et son manteau sombre, regardait l'horizon comme pour chercher un signe, tandis que Jean, plus jeune et le visage tendu d'anxiété, priait en silence.

Chaque pas évoquait des souvenirs de leur maître, des moments passés ensemble, des leçons apprises. Le passé était un poids, mais aussi une source de force, car ils savaient qu'ils n'étaient pas seuls dans leur mission. Le vent du matin était un souffle de vie, apportant avec lui les parfums de la terre et la fraîche promesse du jour. C'était comme si la nature elle-même participait à leur pèlerinage, témoin silencieux d'un événement qui parlerait aux âmes de beaucoup.

Alors que le soleil éclairait pleinement la vallée, les deux hommes s'arrêtèrent, sentant que leur voyage était sur le point d'atteindre son apogée. L'air était chargé d'une énergie inexplicable, une tension qui précède la révélation. La rencontre avec l'ineffable les transforma. Ils n'étaient plus de simples hommes, mais des témoins d'une vérité qui dépassait la compréhension. Leur foi, déjà solide, devint certitude, et leurs cœurs, déjà pleins, débordèrent d'un amour insondable.

Avec le cœur empli de merveille, Jean et Pierre savaient que le mystère qu'ils avaient rencontré était destiné à être partagé. Leur chemin les emmènerait loin, non seulement dans des lieux physiques, mais aussi dans les profondeurs de l'âme humaine. La vérité qu'ils avaient découverte résonnerait à travers les siècles, un message intemporel qui parle d'espoir, de sacrifice et de renaissance. Leur témoignage deviendrait une lumière pour beaucoup, un phare dans la nuit des temps. Jean et Pierre, liés par une expérience indissoluble, retournèrent sur leurs pas alors que le soleil continuait son chemin dans le ciel. Désormais, chaque aube pour eux n'était pas seulement le début d'un nouveau jour, mais le souvenir de cette aube où tout avait changé. La journée se poursuivit, et tandis que le monde autour d'eux suivait son rythme habituel, Jean et Pierre portaient dans leur cœur le cycle de l'éternité. Le lever et le coucher du soleil étaient pour eux un rappel éternel de l'aube où ils avaient rencontré le divin.

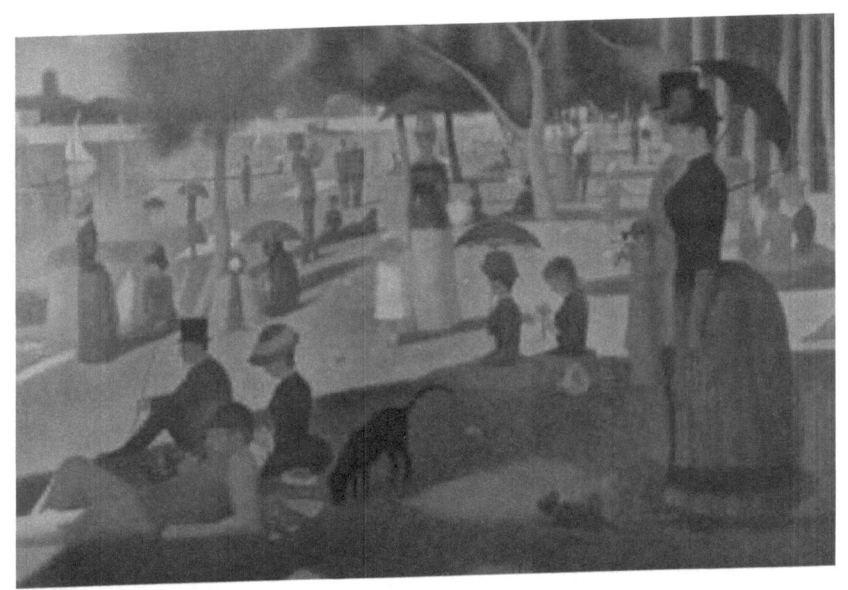

Dans le jardin de l'Île de la Grande Jatte, un effervescence de couleurs et de lumières enveloppait les dimanches des Parisiens. C'était une mosaïque de vie, chaque personne un point de couleur sur une toile plus grande, un portrait palpitant d'une journée de repos et de plaisir.

Le parc s'éveillait lentement sous le chaud soleil dominical. Familles, amoureux, artistes et solitaires, chacun trouvait son coin de paradis sous les arbres feuillus ou le long des rives de la rivière, où les voiliers parsemaient l'eau comme des papillons au vent.

Parmi les figures qui peuplaient le parc, il y avait Madeleine, élégante dans sa tenue dominicale, et son frère Charles, vêtu de son meilleur habit et d'un chapeau haut-de-forme légèrement incliné. Assis en position contemplative, ils observaient l'animation incessante. Le bavardage des gens, le rire des enfants qui jouaient et les aboiements des chiens se fondaient en une symphonie de sons naturels. C'était la musique du repos, du temps libre passé entre la nature et la conversation légère. Chaque vêtement, chaque chapeau, chaque parapluie était un coup de pinceau sur la vaste toile du parc. Les parapluies colorés étaient comme des taches de lumière, et les vêtements sombres projetaient de longues ombres fraîches sur l'herbe verte, créant un contraste qui dansait aux yeux de ceux qui savaient regarder.

Dans un coin isolé, un couple de jeunes amants partageait un moment volé au monde, leurs murmures cachés parmi les feuilles. C'était une scène privée en public, une intimité protégée par l'anonymat de la foule.

Certains visiteurs du parc semblaient presque immobiles, comme des statuettes posées sur une pelouse. Ils étaient des individus absorbés par leurs pensées, un livre, ou simplement par le plaisir d'observer la scène et de se laisser réchauffer par le soleil.

Le vert des arbres était un vert plus vif le jour du repos, les eaux de la rivière plus scintillantes, et le ciel semblait un bleu plus profond. C'était comme si la nature elle-même s'était mise dans son meilleur habit pour l'occasion.

Un artiste, avec son chevalet et sa palette, tentait de capturer non seulement la scène mais aussi l'essence du moment. Son œil jouait avec la lumière, et sa main cherchait à transformer en images fixes le dynamisme de la vie qui l'entourait. À mesure que le soleil descendait, les ombres s'allongeaient, dansant délicatement sur le sol. C'était une chorégraphie naturelle, un changement silencieux mais visible qui marquait le passage du temps.

Alors que la journée approchait de sa conclusion, le parc se transformait encore une fois. Les lumières devenaient plus douces, les sons plus feutrés, et le tableau vivant qui avait été si plein de vie commençait à se calmer, se préparant pour la quiétude du soir.

Quand les gens commençaient à rassembler leurs affaires pour retourner à la réalité des jours ouvrables, il restait dans l'air un sentiment de satisfaction, le souvenir d'un dimanche passé entre le vert et l'eau, entre le rire et le repos. Le parc, désormais plus vide, conservait les histoires de ceux qui l'avaient traversé. C'étaient des histoires écrites à l'encre invisible de la mémoire, destinées à réémerger chaque fois que le dimanche revenait peindre avec ses couleurs une autre journée de paix et de beauté.

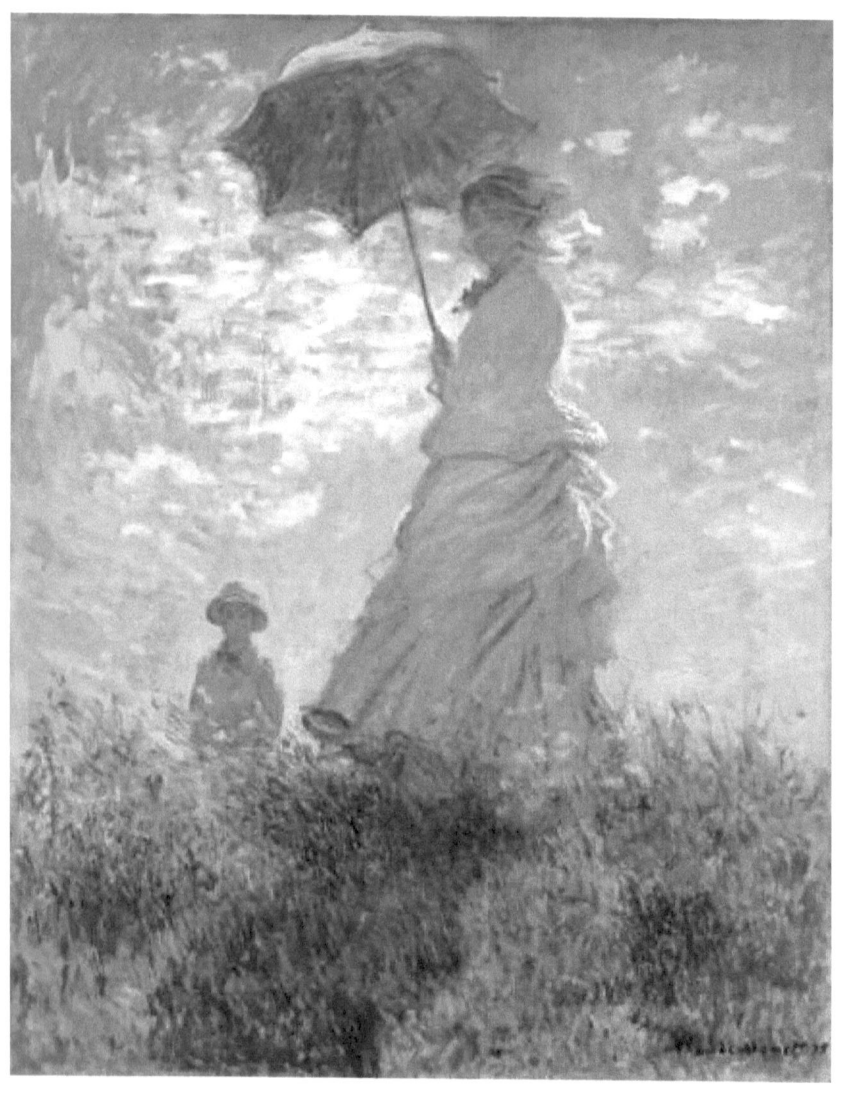

Sur les collines de Giverny, où les champs se teintaient de mille nuances de vert et de jaune, une jeune mère, Éloïse, et son fils Julien, se promenaient sous le vaste ciel. Elle tenait un parapluie qui les protégeait non pas de la pluie, mais de la générosité d'un soleil d'été.

Leur promenade était devenue un rituel, une manière de saluer le jour naissant. Tandis que Julien courait en avant pour explorer, Éloïse le suivait du regard, un sourire doux et maternel sur les lèvres.

La brise matinale jouait avec les tissus de la robe d'Éloïse, les faisant onduler comme les pétales d'une fleur. Le parapluie, d'un vert éclatant contre le bleu du ciel, était une tache de couleur vive qui se détachait parmi les nuages.

Autour d'eux, la nature orchestrée une symphonie de sons : le frémissement de l'herbe, le chant des oiseaux, le murmure des feuilles. Julien riait chaque fois qu'un papillon effleurait son chemin, et chaque rire était une note ajoutée à la musique du paysage.

Pour Éloïse, ces promenades étaient une occasion d'enseigner à Julien l'amour de la nature. Elle lui montrait chaque fleur, chaque insecte, expliquant l'importance de chaque petite vie dans le grand dessin du monde.

Le soleil, haut et brûlant, dessinait des reflets d'or sur les cheveux de Julien et sur le tissu de la robe d'Éloïse. C'étaient des images vives, des souvenirs qui s'imprimeraient dans l'esprit du garçon pour les années à venir.

Il y avait un lien invisible entre la mère et le fils, un fil d'amour qui les unissait malgré la distance physique lorsqu'ils jouaient à cache-cache parmi les rangées. Julien savait que, même lorsqu'il ne la voyait pas, sa mère était là, une présence constante et rassurante.

Éloïse enseignait aussi à Julien à lire les signes du vent, à comprendre quand il était temps de rentrer à la maison ou quand ils pouvaient encore errer un peu parmi les collines.

Pour Julien, ce monde était un royaume d'aventures infinies, chaque excursion un voyage à la découverte de trésors cachés. Son enfance était une toile peinte avec les couleurs les plus lumineuses, sous le regard aimant de sa mère.

Éloïse, en observant Julien, voyait la poésie du moment : l'innocence, la joie pure, la découverte. Et elle savait que ces jours deviendraient les strophes d'une poésie qu'elle réciterait toute sa vie.

Alors que le jour avançait vers l'après-midi, la mère et le fils s'arrêtaient sur une colline, regardant l'horizon. Ils savaient que ces moments deviendraient les souvenirs immortels de leur histoire familiale, enracinés dans le paysage de Giverny comme les fleurs dans ses jardins.

Éloïse rêvait d'un avenir lumineux pour Julien, une vie pleine des mêmes joies et découvertes que leurs promenades lui offraient. Et Julien, dans son innocence, rêvait avec elle, avec la confiance inébranlable que seul un enfant peut avoir.

Avec le parapluie encore ouvert, non plus pour se protéger mais comme un symbole de joie, la mère et le fils descendaient lentement vers leur maison. Le ciel au-dessus d'eux était un horizon de rêves, et le monde à leurs pieds était une invitation à vivre chaque jour avec émerveillement et gratitude.

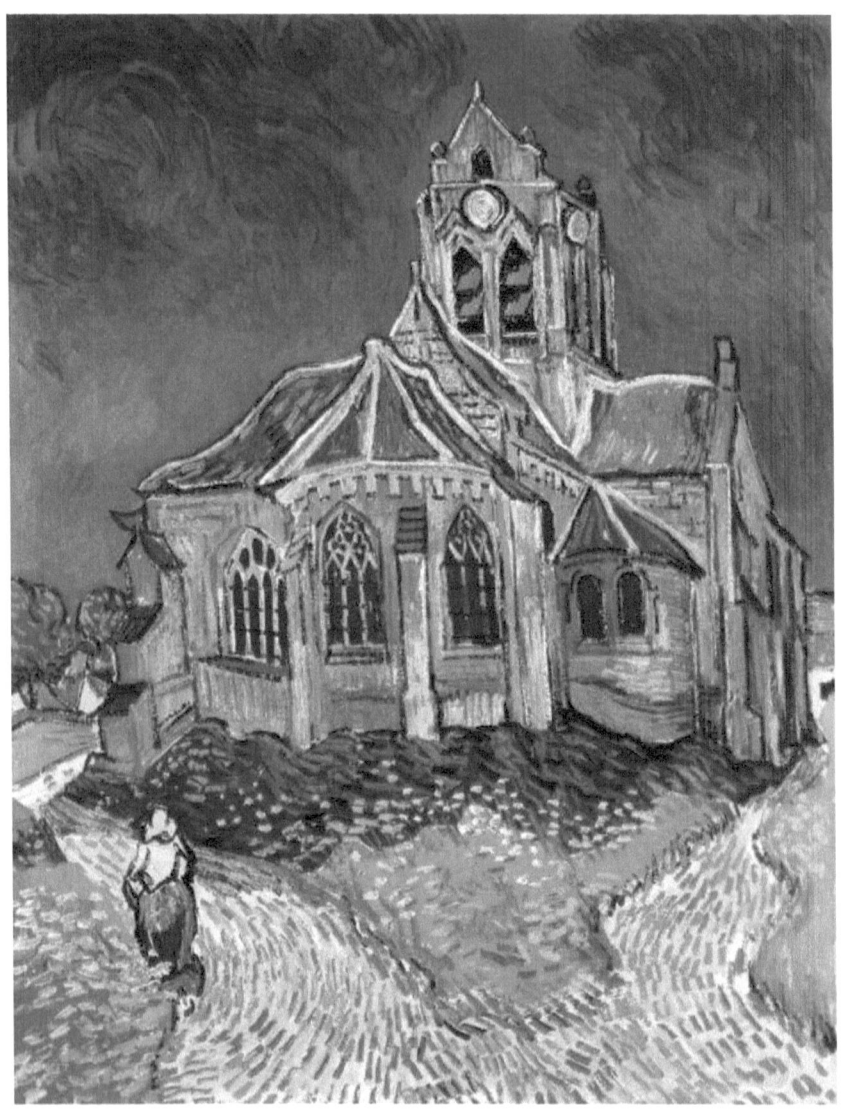

Dans le paisible village d'Auvers, où les maisons se dispersaient parmi les collines telles des taches de couleur dans un tableau, se dressait une église dont l'architecture semblait capturer le ciel même. Antoine, un artiste qui avait cherché l'inspiration dans chaque recoin du village, était fasciné par ce lieu de prière et de communauté.

L'église d'Auvers, avec ses toits orangés et ses murs de pierre bleue, était comme un phare pour Antoine. Elle l'attirait par sa beauté simple mais solennelle, un monument silencieux au temps et à la spiritualité.

Antoine s'asseyait souvent sur une colline en face de l'église, observant comment la lumière changeait les nuances de ses murs. Elle était pour lui un gardien silencieux, un conservateur de souvenirs et de moments de quiétude.

Les nuages au-dessus de l'église dansaient dans un ciel tumultueux, tissant une couverture d'ombres et de lumière. Antoine tentait de capturer cette danse, ce dialogue entre le ciel et la terre, sur sa toile.

En peignant, Antoine réfléchissait à la vie du village, aux habitants qui fréquentaient l'église, à leurs joies et à leurs peines. Chaque personne était un fil dans une histoire plus grande, et l'église était la toile sur laquelle ces fils s'entrelaçaient.

Pour Antoine, l'église était un symbole de foi - non seulement religieuse, mais aussi dans la vie, dans l'art et dans la nature. Chaque fois qu'il posait son pinceau, il sentait qu'il avait touché quelque chose de divin, quelque chose d'éternel.

Les couleurs qu'il choisissait pour son église n'étaient pas celles de la réalité, mais celles de l'âme - des bleus profonds, des verts vibrants, des oranges ardents. Elles étaient l'expression de sa vision intérieure, un paysage émotionnel qui allait au-delà de la réalité visible.

La solitude accompagnait souvent Antoine dans ses heures de travail. C'était une isolation choisie, un silence nécessaire pour écouter la voix intérieure qui guidait sa main.

L'église était pour Antoine une quête infinie. Chaque jour, il voyait quelque chose de nouveau, un détail qui lui avait échappé auparavant, une ombre qui changeait, une lumière qui révélait.

La pierre de l'église était comme une symphonie pour Antoine. Chaque carreau, chaque sculpture, chaque vitrail racontait une note de cette musique silencieuse qu'il cherchait à traduire en images.

L'église reliait le passé au présent. Antoine ressentait la présence de ceux qui avaient construit cette structure, de ceux qui y avaient prié, vécu, espéré et rêvé.

Au coucher du soleil, l'église se parait de feu. Les dernières lumières du jour caressaient ses formes, et Antoine restait là, en silence, jusqu'à ce que les premières étoiles commencent à briller.

Lorsque Antoine terminait son travail, il laissait son regard se perdre une fois de plus sur l'église. Il savait que le lendemain, il trouverait de nouvelles inspirations, car chaque jour était différent et chaque jour l'église lui murmurait un nouveau secret.

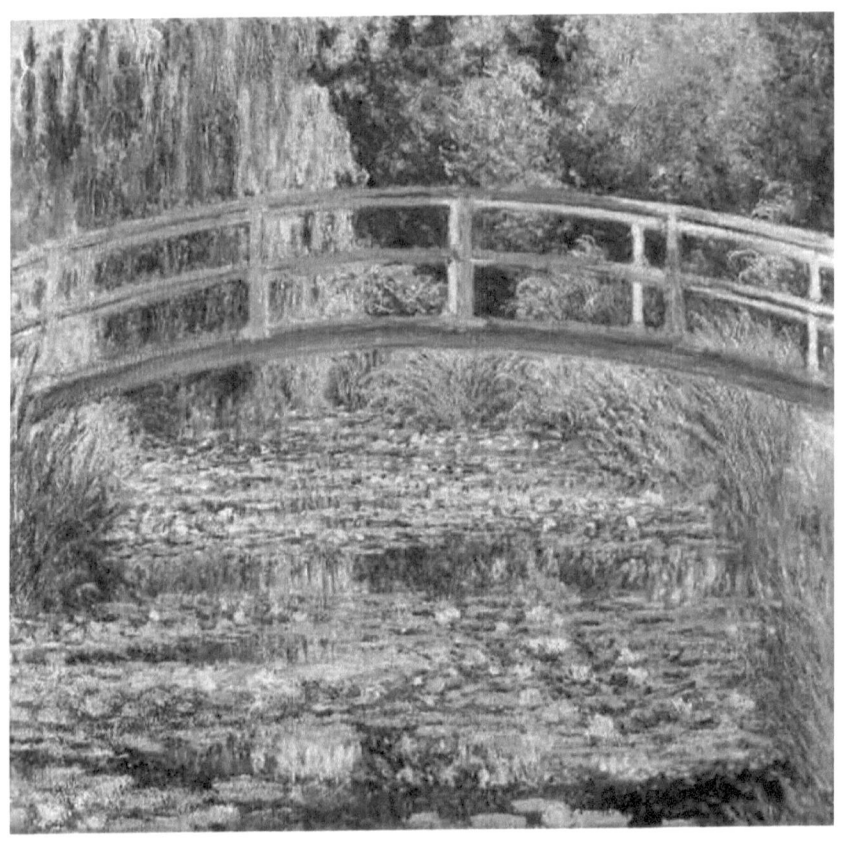

Dans un jardin caché, où le temps semblait s'arrêter, un petit pont en bois traversait un étang riche en nénuphars. Le jardin était le refuge secret de Claire, un lieu où elle trouvait chaque jour réconfort dans la solitude et inspiration dans la beauté.

Le pont était une élégante arche, un lien entre deux rives, entre le monde extérieur et l'oasis de paix de Claire. C'était là qu'elle s'arrêtait pour réfléchir, pour inhaler le parfum des fleurs d'eau, pour laisser ses pensées couler librement comme l'eau sous elle.

L'étang était vivant avec le murmure de l'eau, les mouvements légers des poissons jouant parmi les racines des plantes et les nénuphars flottant à la surface comme des joyaux précieux.

Claire aimait penser à son jardin comme au jardin de Monet, un lieu qui aurait pu inspirer le peintre lui-même. Les nénuphars étaient ses sujets préférés, et elle se consacrait à étudier chaque nuance, chaque courbe, chaque reflet.

Au fil des heures, la lumière changeait, transformant l'étang et le jardin en un kaléidoscope de couleurs. Le soleil du matin apportait des tons dorés, le midi se vêtait de bleu intense et le coucher de soleil enveloppait tout dans des nuances de rose et de violet.

Claire trouvait un sens d'harmonie dans la nature qui l'entourait. Le jardin était un microcosme parfait, un équilibre entre la croissance et le déclin, entre la luxuriance des plantes et la tranquillité de l'eau.

Le pont reflétait les pensées de Claire comme l'eau reflétait le ciel. C'était un endroit où elle pouvait parler avec elle-même, où ses espoirs et ses rêves semblaient prendre forme et parler à travers le murmure des feuilles.

Le vent apportait des histoires de terres lointaines, des histoires que Claire écoutait avec le cœur ouvert. Chaque brise lui parlait de voyages et d'aventures, de lieux qu'elle désirait voir et de peintures qu'elle rêvait de créer.

Claire avait commencé à peindre son jardin, cherchant à capturer avec l'encre verte la magie des nénuphars. Chaque trait de pinceau était une tentative de figer le temps, de conserver un fragment de cet enchantement.

Son processus créatif était intime, un dialogue silencieux entre elle et la nature. Claire sentait que chaque œuvre d'art qu'elle produisait était un morceau d'elle-même qu'elle laissait dans le jardin, une trace durable de sa présence.

Le soir, quand le jardin devenait plus silencieux et les ombres plus longues, Claire pouvait presque entendre une mélodie, douce et basse, qui semblait naître des profondeurs de l'étang.

Le jardin était plus qu'un lieu physique pour Claire; c'était un refuge pour son âme, un sanctuaire où elle pouvait être vraiment elle-même, libre de toute attente et obligation, plongée entièrement dans la beauté et la paix. Alors que le ciel s'assombrissait et les premières étoiles apparaissaient, Claire traversait le pont pour rentrer chez elle. Elle savait que le lendemain, et tous les jours après celui-ci, le pont serait là pour l'attendre, prêt à la transporter à nouveau dans son monde de couleurs, d'eau et de rêves.

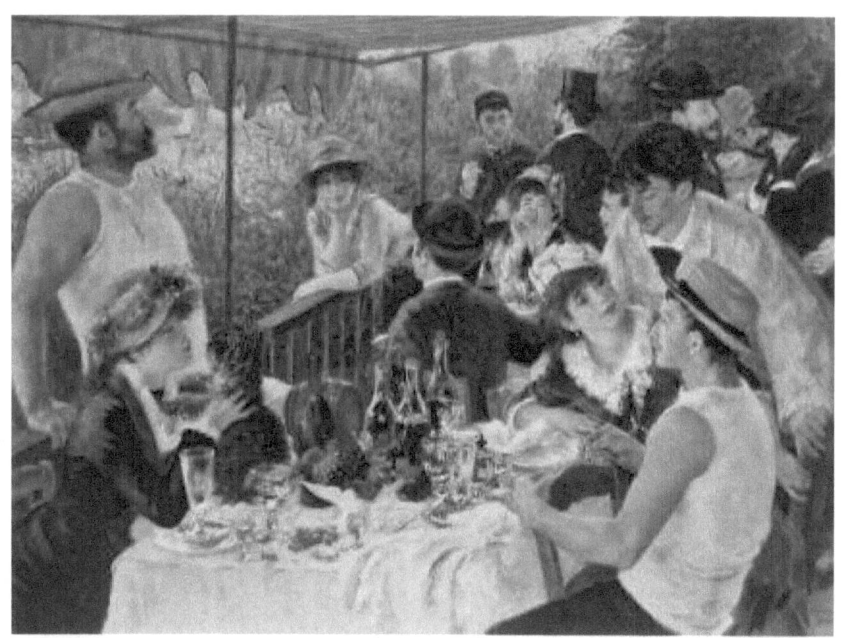

Sur les rives de la Seine, au cœur palpitant de Chatou, se trouvait un restaurant nommé La Maison Fournaise. C'était un lieu de rencontre pour les amateurs de la vie, un refuge pour les artistes et un sanctuaire pour les esprits libres. Sa terrasse était une toile vivante, remplie de couleurs, de rires et de conversations pétillantes.

Au Maison Fournaise, chaque repas était une œuvre d'art. La terrasse se remplissait d'hommes et de femmes habillés avec une élégance décontractée, de chapeaux colorés et de robes flottantes. Il y avait une vitalité dans l'air, un sentiment de joie qui imprégnait le lieu.

Les canotiers, avec leurs bras forts et leurs sourires ouverts, se mêlaient aux dames de la haute société. Ils riaient et bavardaient, trinquant avec des verres de vin pétillant et partageant des anecdotes sur leurs aventures fluviales. Parmi les visiteurs du Maison Fournaise se trouvait un peintre, un certain Pierre-Auguste Renoir, qui observait la scène avec attention. Il capturait les moments dans son esprit avant même de le faire avec son pinceau, stockant chaque détail.

Sur la terrasse, les émotions dansaient comme les reflets du soleil sur l'eau. Il y avait l'ivresse de l'amour naissant entre deux jeunes amoureux, la chaleur de l'amitié entre de vieux compagnons, et l'euphorie de vivre l'instant présent.

Les regards se croisaient au-dessus de la table richement dressée. Un flirt naissait avec un sourire timide, une amitié se renforçait avec un rire partagé, et le langage du corps en disait plus que mille mots.

Les plats servis étaient un festin pour les sens : fruits de mer frais, fruits juteux, pain croustillant. La saveur de la vie était palpable à chaque bouchée, à chaque gorgée de vin qui descendait chaudement dans la gorge. Ce déjeuner au Maison Fournaise était le portrait d'une époque. C'était la Belle Époque dans un après-midi unique et glorieux, où l'art et le plaisir s'entrelaçaient dans une danse intemporelle.

Un violoniste commença à jouer, et la terrasse s'animait encore plus. Les couples commençaient à danser, leurs corps bougeant en harmonie avec la musique, et même ceux qui choisissaient de rester assis tapaient le rythme avec leurs pieds.

Les rires étaient comme des carillons au vent, joyeux et contagieux. Un groupe d'amis racontait des histoires comiques, tandis que d'autres débattaient passionnément d'art et de politique, leurs arguments aussi chauds que le soleil d'été.

L'amitié était le vin le plus doux, et à la Maison Fournaise, il coulait à flots. De vieux amis se retrouvaient, trinquant aux années passées et à celles à venir.

Alors que l'après-midi se transformait en soirée et que les bougies étaient allumées, les souvenirs de ce jour étaient encadrés dans le cœur de tous les présents. C'étaient des moments qu'ils raconteraient pendant des années, des histoires qui réchaufferaient leurs âmes lors des jours gris. Et lorsque le ciel commença à se teinter de couleurs pastel et que les étoiles pointaient, la terrasse de la Maison Fournaise se vidait lentement. Mais la chaleur de ces instants, l'enchantement de cette rencontre entre art et vie, entre amitié et amour, restait, suspendu dans le crépuscule des rêves.

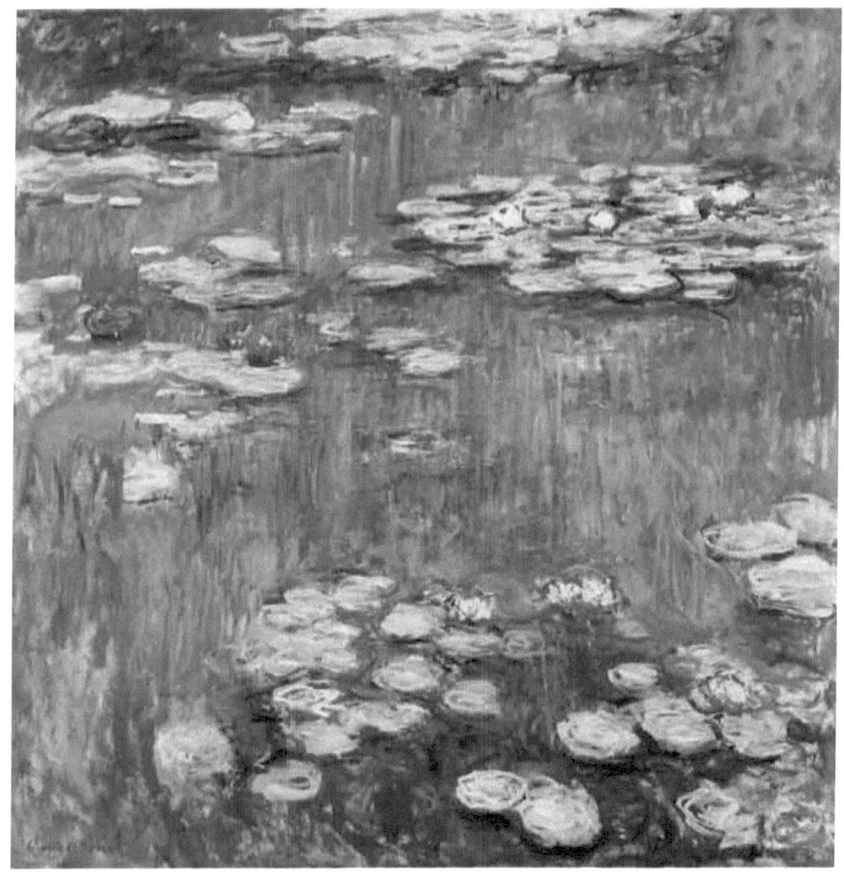

Dans l'enchantement d'un jardin secret, où le temps semblait s'écouler uniquement au doux rythme des nénuphars ondulant sur l'eau, une jeune femme nommée Léonie trouvait refuge loin de l'agitation de la vie citadine. C'était son coin secret, un lieu où la nature s'exprimait dans toutes ses merveilleuses nuances. Léonie avait découvert ce jardin d'eau par hasard, lors de l'une de ses promenades en quête de tranquillité. L'étang, orné de nénuphars colorés, était devenu son endroit préféré pour lire, méditer ou simplement rêver les yeux ouverts. Les nénuphars étaient comme des danseuses sur l'eau, leurs pétales délicats s'ouvrant pour accueillir les rayons du soleil. Léonie aimait observer leur lent ballet, fascinée par les infinies combinaisons de couleurs qui se reflétaient dans les eaux tranquilles de l'étang. Le vent jouait parmi les branches des saules pleureurs, apportant avec lui le parfum des fleurs et le bruissement des feuilles. Chaque souffle de brise était un murmure de la nature qui semblait parler directement à l'âme de Léonie. Léonie, assise sur l'herbe douce, laissait ses pensées couler librement comme les reflets sur l'eau. Ici, entourée de beauté, elle trouvait les réponses aux questions que la vie lui posait, ou se permettait le luxe de ne pas chercher de réponses du tout.

Avec le passage des heures, les ombres s'allongeaient sur l'eau, dessinant des figures et des formes qui stimulaient l'imagination de Léonie. Chaque ombre était un récit, un secret du jardin qui attendait d'être découvert. L'étang était une symphonie de sons : le léger gargouillis de l'eau, le chant des oiseaux cachés dans le feuillage, le bourdonnement des insectes dansant à la surface. C'était une musique pour Léonie, une mélodie relaxante qui l'accompagnait dans ses heures de solitude. Pour Léonie, les couleurs des nénuphars étaient comme les couleurs de l'âme : complexes, changeantes, pleines de profondeur et de mystère. Chaque teinte reflétait une émotion, un souvenir, un rêve.

Dans ce jardin, Léonie se sentait elle aussi artiste. Elle dessinait des croquis dans son carnet, cherchant à immortaliser l'essence du paysage qu'elle aimait tant, ou écrivait des poèmes inspirés par la tranquillité du lieu.

La lumière du couchant transformait l'étang en un tableau vivant. Léonie restait envoûtée par la danse de la lumière teintant l'eau d'orange, de rose et de violet, créant une atmosphère magique et suspendue.

Pour Léonie, le temps passé parmi les nénuphars était un temps sacré. Ici, les heures n'avaient pas de poids, et le monde extérieur semblait à des années-lumière. C'était un temps pour régénérer l'esprit et nourrir le cœur.

Quand le soir enveloppait le jardin, et que les étoiles commençaient à se refléter dans l'eau comme des joyaux lumineux, Léonie se permettait de rêver. Elle rêvait de mondes lointains, d'aventures et de voyages dans les lieux les plus reculés de l'âme.

Avec un cœur rempli de paix et un esprit clair, Léonie quittait le jardin avec un vigueur renouvelée. Le souvenir des nénuphars l'accompagnait, un rappel silencieux que même dans le chaos de la vie quotidienne, la beauté et la tranquillité étaient toujours à portée de main.

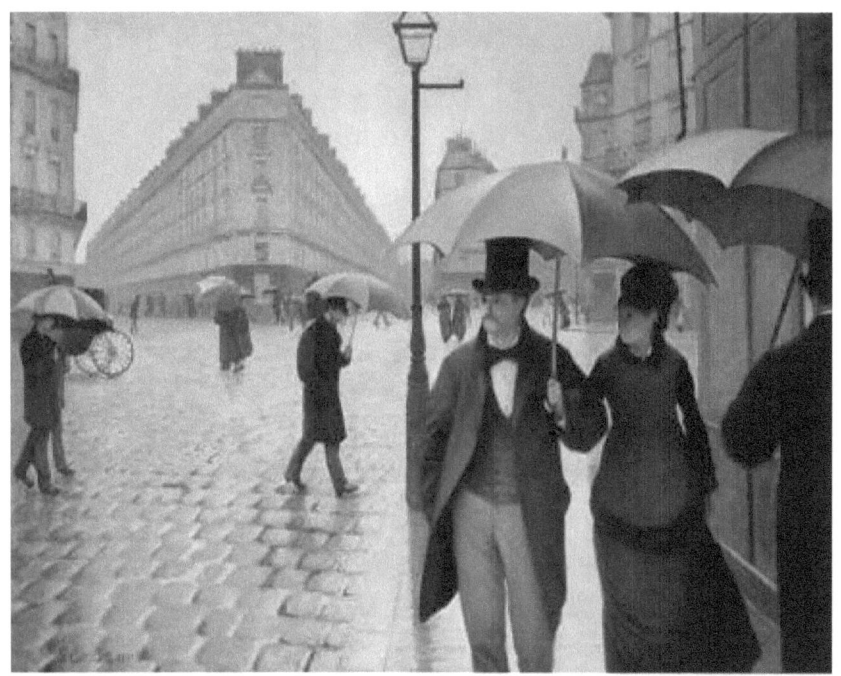

Au cœur palpitant de Paris, où la pluie dessinait un rythme constant et la brume enveloppait les rues dans un manteau de mystère, il y avait une avenue qui semblait prendre vie sous le ciel gris. C'était le Boulevard des Capucines, un spectacle de parapluies et de pas pressés, une symphonie urbaine en tons humides et reflets mouillés.

Le ciel pleurait sur Paris, mais ses larmes n'étaient pas de tristesse, mais de renaissance. Chaque goutte qui frappait le pavé réveillait les couleurs de la ville, transformant chaque rue en un tableau impressionniste.

Les parapluies s'ouvraient comme des fleurs à l'arrivée de la pluie, dansant au rythme des pas pressés des Parisiens. C'était un mosaïque mobile de bleu, gris et noir, un ballet sans chorégraphe sous le ciel de plomb.

Pierre, un jeune banquier, aimait marcher sous la pluie. Il trouvait que l'eau lavait les soucis du jour et remplissait la soirée de possibilités et de rêves.

En marchant, son parapluie heurta celui d'Élise, une peintre qui capturait la ville avec ses couleurs vives. Ce fut un rencontre de regards avant que de mots, un lien silencieux et immédiat.

Ils parlèrent d'art, de vie et de pluie, découvrant que leur admiration pour la beauté de Paris sous la pluie était une passion partagée. La conversation coulait comme l'eau le long des trottoirs, naturelle et rafraîchissante.

Autour d'eux, les figures des passants se fondaient en ombres estompées, figures anonymes dans une ville qui ne dort jamais. Mais Pierre et Élise étaient une île d'intimité dans la mer anonyme de la foule.

À chaque fois que la pluie commençait à tomber, Pierre se demandait s'il reverrait Élise. Chaque goutte devenait un rappel de leur conversation, un fil d'espoir qui s'entrelaçait avec l'attente.

La pluie créait une mélodie sur les toits en zinc et les parapluies, une musique que seuls les cœurs amoureux pouvaient vraiment entendre. C'était la bande sonore de leur histoire, encore non écrite.

La brume qui s'élevait du pavé emportait avec elle les couleurs délavées de la ville, transformant le Boulevard des Capucines en un tableau vivant qu'Élise désirait immortaliser sur toile.

Les cafés le long de l'avenue devenaient des refuges pour les amoureux de la pluie, des endroits pour se réchauffer et se sécher, converser et observer. Pierre et Élise y trouvaient abri et compagnie, un coin de monde tout à eux.

Avec la promesse de se revoir, Pierre et Élise se séparèrent sous le porche d'un ancien bâtiment. La pluie continuait de tomber, mais elle avait maintenant un nouveau sens : c'était l'annonceuse de rencontres futures, de dialogues encore à avoir.

Paris, sous la pluie, était la muse de Pierre et Élise. C'était la ville qui les avait unis et qui continuait de leur promettre d'innombrables moments de partage et d'inspiration sous son ciel changeant.

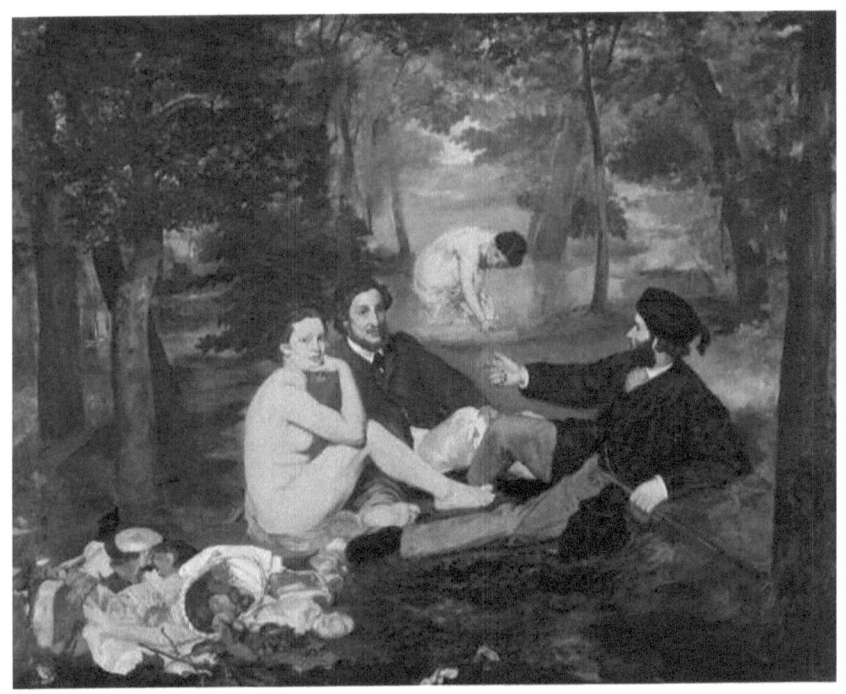

Dans l'épaisseur d'une forêt qui s'étendait aux portes de la ville, un petit rassemblement d'amis profitait d'une évasion de l'agitation quotidienne. Ils avaient choisi un lieu isolé, où la lumière du soleil filtrait à travers les feuilles et la nature offrait une scène pour leur petite révolte contre les conventions sociales.

Au cœur de la forêt, un groupe d'amis avait décidé de rompre avec les conventions. Dans une époque de normes sociales rigides, ils choisissaient de célébrer la liberté et l'art lors d'un pique-nique non conventionnel.

Le pique-nique était une louange à la liberté : une femme nue, symbole d'un art sans contraintes, conversait avec deux hommes, l'un distingué et l'autre à l'allure bohème, tous deux captivés par son audace insouciante.

La conversation flottait légèrement comme les feuilles au vent. Ils discutaient d'art, de littérature, de politique et combien il était agréable d'échapper aux regards critiques de la société.

La forêt était leur toile, et eux-mêmes devenaient partie de l'œuvre. La femme représentait la nature immaculée, tandis que les hommes étaient l'humanité à la recherche de connexion avec ses racines les plus vraies.

Leur banquet était éparpillé sur l'herbe : fruits, pain, vin et fromages. C'était un repas sans formalités, une expérience sensorielle qui refusait l'étiquette au profit de l'authenticité.

La conversation était l'art le plus apprécié lors de ce rassemblement. Chaque boutade, chaque anecdote, chaque théorie philosophique était un coup de pinceau sur un tableau qui dépeignait la vie dans sa forme la plus pure.

La joie de l'existence se manifestait dans ce bois. Ils riaient, buvaient et parfois se laissaient aller au silence, laissant la nature parler pour eux.

La présence d'une femme nue était un défi direct au tabou, un refus de cacher ce qui était naturel. C'était une célébration de la beauté humaine, libre de tout artifice.

Dans ces moments de réflexion, chaque membre du groupe contemplait sa propre vie. Il y avait des désirs, des aspirations et des peurs, mais dans ce bois, ils semblaient tous lointains et insignifiants.

La forêt observait en silence, témoin ancien de secrets et d'histoires. C'était un refuge sûr où ils pouvaient s'exprimer sans crainte d'être mal compris ou jugés.

Alors que le soleil commençait à descendre, ils savaient que le retour à la civilisation était inévitable. Mais ils se promirent d'emporter avec eux un morceau de cette liberté, ce sentiment de plénitude que seuls la vraie amitié et la nature pouvaient offrir.

Cette journée dans le bois resterait avec eux, un souvenir indélébile de ce que la vie pouvait être si l'on avait le courage de vivre selon ses propres règles.

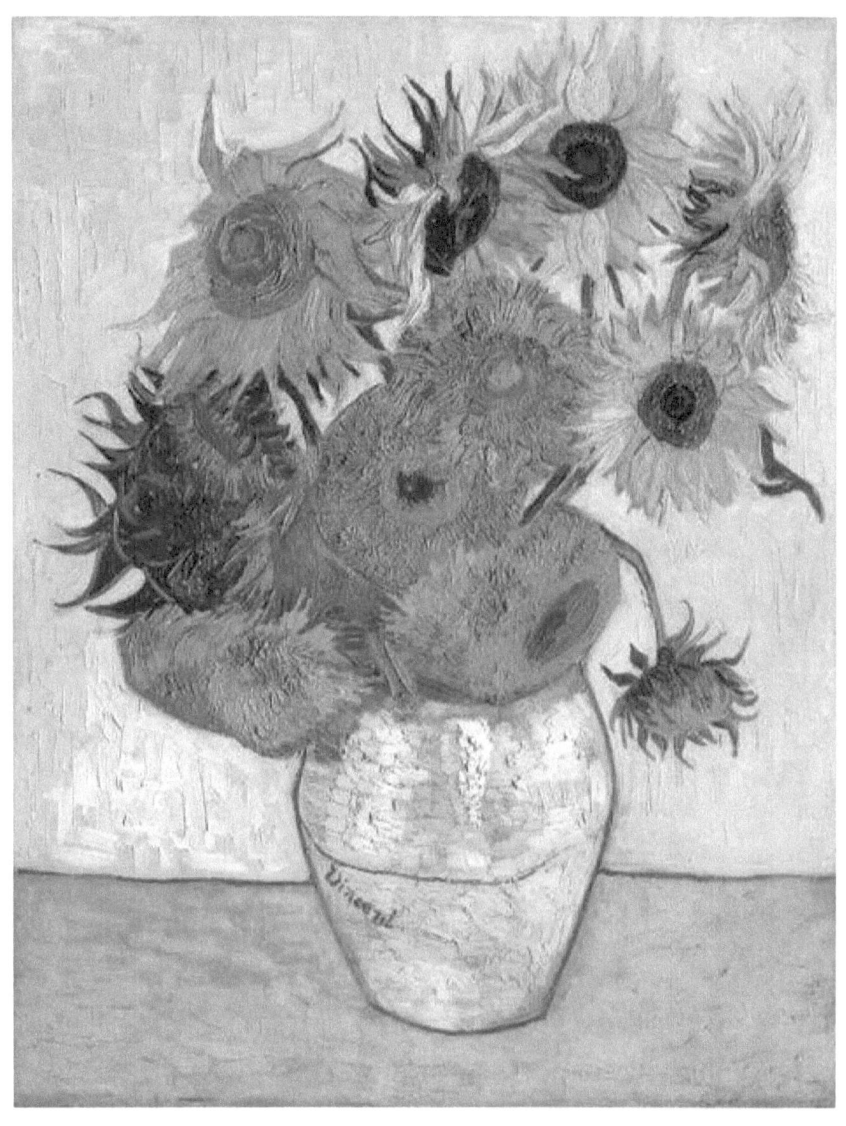

Dans une petite pièce baignée de soleil, un ensemble de tournesols reposait dans un vase en terre cuite, rayonnant d'énergie. Ils étaient bien plus que de simples fleurs ; ils étaient un symbole d'espoir, un fragment de joie capturé dans une danse de coups de pinceau audacieux et de couleurs vives.

La pièce était modeste, mais les tournesols la remplissaient d'une lumière qu'aucune fenêtre ne pouvait égaler. Leur jaune vibrant parlait de journées d'été et de ciels infinis.

Le vase était simple, terrien, avec des imperfections qui racontaient son histoire, mais il était parfait pour les tournesols, comme s'il avait été fait pour eux.

Chaque tournesol semblait bouger à son propre rythme, dans une danse silencieuse et joyeuse. Certains s'étiraient vers le plafond, d'autres se penchaient doucement, chacun avec sa propre personnalité.

Le peintre les observait, capturant non seulement leur image mais l'essence même de leur existence. Il voyait dans les tournesols la même quête de lumière qui animait sa vie.

Les tournesols avaient été un cadeau, un geste d'amitié pure. Chaque fois que le peintre les regardait, c'était comme s'il écoutait les rires et sentait la compagnie de cet ami lointain.

Les tournesols étaient des interlocuteurs éternels du soleil, suivant son parcours dans le ciel. Même enfermés dans cette pièce, ils semblaient chercher ce dialogue avec l'étoile qui les avait fait éclore.

Avec le coucher du soleil, les ombres jouaient parmi les pétales et les feuilles, créant de nouveaux dessins, de nouvelles histoires que le peintre ne pouvait raconter qu'avec son pinceau.

Le vase en terre cuite rappelait aux tournesols et au peintre leur lien avec la terre, avec l'origine humble de tout ce qui est grand et beau.

Les tournesols étaient les couleurs de l'âme du peintre, la manifestation visuelle de ses passions et désirs les plus profonds, une palette vivante sur laquelle il peignait ses rêves.

La beauté des tournesols résidait dans leur simplicité, dans la façon dont ils exaltaient la vie sans prétention, en étant simplement ce qu'ils étaient : une beauté pure.

Dans la pièce, le temps semblait s'arrêter. Les tournesols étaient comme une horloge qui mesurait les heures en battements de cœur et en souffles profonds, et non en secondes et en minutes.

Quand les tournesols auraient fini de danser, quand leurs pétales seraient tombés, ils resteraient immortels sur la toile, éternellement vivants dans l'œuvre du peintre.

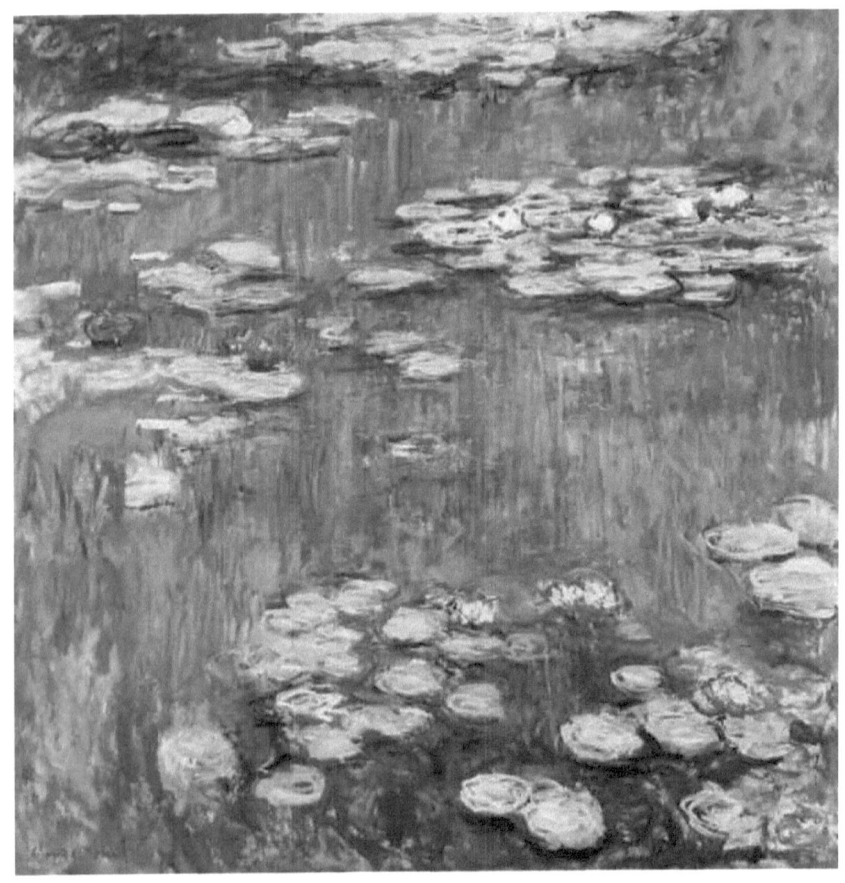

Dans un jardin secret, caché du reste du monde, un étang de nénuphars reposait sous le ciel bleu, reflet dans l'eau calme. La scène était si tranquille que le temps semblait couler au rythme lent de la danse des feuilles et du doux mouvement de l'eau.

Dans un coin reculé d'un vaste jardin, l'étang était le gardien silencieux d'un monde sous-marin, un royaume de nénuphars et de reflets, où les pensées s'apaisaient et la nature parlait.

Les nénuphars, avec leurs pétales déployés comme des joyaux colorés, flottaient sereinement. Chaque fleur était une île de couleur, une oasis de beauté pure dans une mer de vert.

L'eau de l'étang, miroir pour le ciel et les fleurs, capturait les rêves et les pensées du jardinier qui avait créé ce lieu de paix.

Le jardinier, un vieil homme sage aux mains marquées par le temps, voyait dans les nénuphars la réalisation de ses rêves les plus colorés. Il les soignait avec amour, sachant que chaque fleur était un morceau de son cœur.

Quand le vent murmurait parmi les feuilles, les nénuphars semblaient danser, poussés par une musique que seule la nature pouvait composer.

Parfois, des visiteurs chanceux trouvaient le chemin vers le jardin secret. Ils restaient sans voix devant la beauté de l'étang, une image qu'ils emporteraient avec eux pour toujours.

Avec la tombée de la nuit, l'étang se transformait. Les ombres dansaient à la surface, et les nénuphars se reposaient en attendant l'aube.

Les nénuphars cachaient un secret : chaque nuit, sous le clair de lune, ils révélaient désirs et rêves aux cœurs purs qui savaient écouter.

Le murmure de l'eau était un langage ancien, un récit de temps passés et de secrets du jardin que seuls les nénuphars connaissaient.

Le jardinier croyait que chaque couleur des nénuphars représentait une émotion : le rose pour l'amour, le jaune pour la joie, le blanc pour la paix.

À l'aube, une symphonie de couleurs accueillait le nouveau jour. L'étang s'éveillait, et avec lui tout le jardin, dans un triomphe de vie.

Les saisons passaient, mais l'étang de nénuphars restait, un cycle éternel de croissance, de floraison et de renaissance, une métaphore de la vie elle-même.

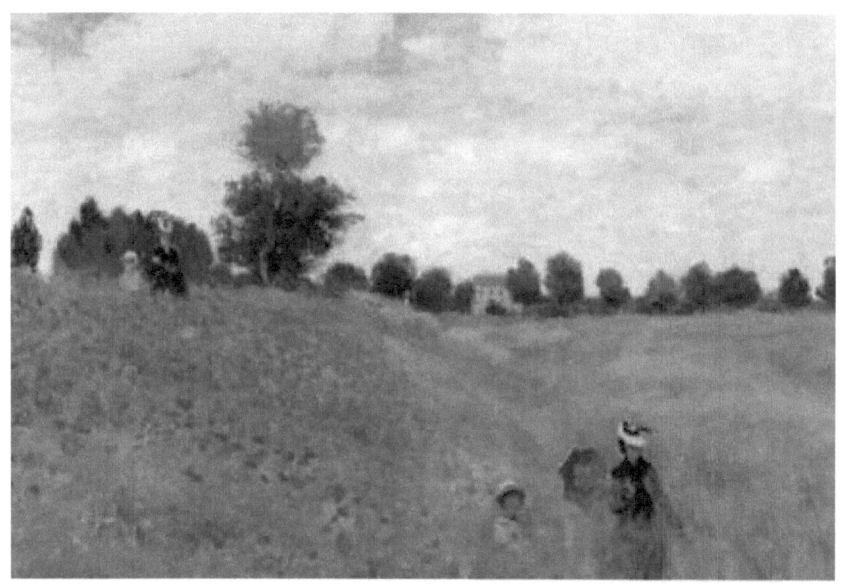

Sous le vaste ciel changeant, un champ de coquelicots ondulait au rythme du vent. Une mer de rouge éclatant s'étendant jusqu'aux confins du monde visible, un tableau peint avec les couleurs de la passion et de la vie.

L'aube répandait ses premières lumières sur le champ de coquelicots, qui semblaient émerger du sommeil comme de petits soleils terrestres. Le ciel bleu se teintait de rose et d'or, accueillant un nouveau jour au cœur de la nature.

Une route poussiéreuse serpentait à travers le champ, invitant les passants à marcher parmi les coquelicots. C'était un chemin qui promettait mystère et beauté, un voyage à travers le cœur palpitant de la terre.
Une femme et un enfant, petites figures à la limite

entre la mer de fleurs et le ciel ouvert, se déplaçaient lentement. La femme, avec un parapluie bleu comme l'infini au-dessus d'elle, protégeait le petit des rayons encore timides du soleil.

Chaque coquelicot était un battement dans le flux de la vie, vibrant et fier. Ils n'étaient pas seulement des fleurs ; ils étaient des emblèmes de résistance et d'une beauté qui défiait le temps.

Le vent se mêlait aux coquelicots, chuchotant d'anciens secrets. Chaque souffle apportait des histoires de temps passés, d'amours naissants et de rêves cultivés au milieu de ces vagues rouges.

L'enfant, fasciné par le mouvement des coquelicots, écoutait la leçon silencieuse de la nature. La mère lui apprenait à voir la beauté dans chaque pétale, dans chaque brin d'herbe.

Le champ de coquelicots était un tableau vivant, une toile sur laquelle la nature traçait chaque jour une œuvre d'art nouvelle et toujours différente, sous le regard attentif des nuages en mouvement.

Les coquelicots évoquaient des souvenirs et des mélodies, une chanson sans paroles qui résonnait dans le cœur de quiconque s'arrêtait pour écouter. La femme se perdait dans ce chant, un hymne à la vie qui se renouvelle.

Au fur et à mesure que le soleil montait dans le ciel, le champ s'illuminait d'une nouvelle lumière. Chaque coquelicot semblait embrasser les rayons, dans un dialogue silencieux et profond avec l'astre du jour.

Le bleu du ciel et le rouge des coquelicots se fondaient en un contraste parfait, comme si le ciel et la terre se rencontraient en un point indéfinissable à l'horizon, où les rêves prennent forme.

Avec le coucher du soleil, le champ se teintait de nuances plus douces et profondes. Le crépuscule enveloppait chaque coquelicot dans une étreinte dorée, promettant que même après la nuit, la vie continuerait.

Les coquelicots, à la fin de la journée, se refermaient pour se reposer. Mais le champ savait que chaque fin n'est qu'un nouveau commencement, et qu'à l'aube, les fleurs se réveilleraient pour danser à nouveau.

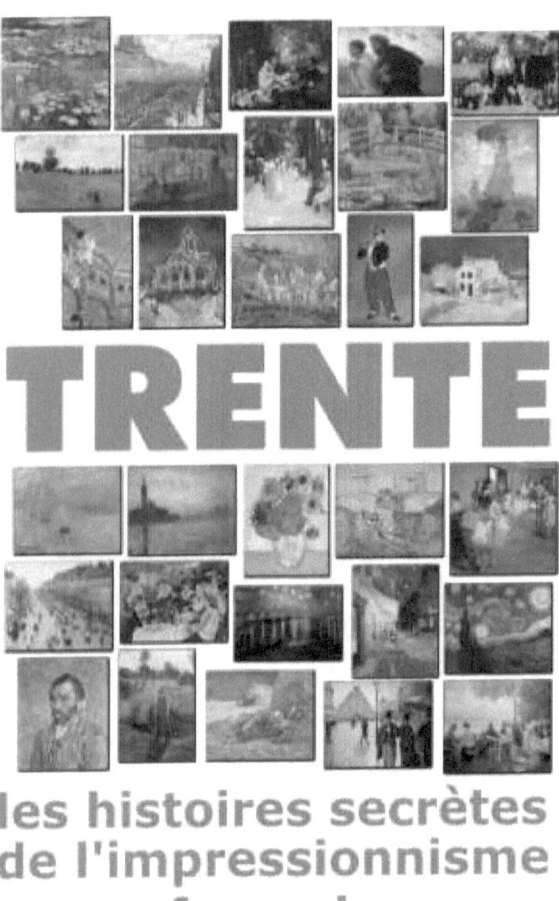

les histoires secrètes
de l'impressionnisme
français

Massimo Missiroli Editore

TRENTE: les histoires secrètes de l'impressionnisme français
Massimo Missiroli Editore © 2023
ISBN 9798872256632

massimo.missiroli@gmail.com